BESTACTIVITYBOOKS.COM

PREMIERE ÉDITION

Dépôt légal, 2022

Illustration Graphique Extra: www.freepik.com
Merci à Alekksall, Starline, Pch.vector, Rawpixel.com, Vectorpocket, Dgim-studio, Upklyak, Macrovector, Stockgiu, Pikisuperstar & Freepik.com Designers

5 ASTUCES POUR DÉMARRER !

1) COMMENT RÉSOUDRE LES MOTS MÊLÉS

Les puzzles sont dans un format classique :

- Les mots sont cachés sans espaces, tirets, ...
- Orientation : Les mots peuvent être écrits en avant, en arrière, vers le haut, vers le bas ou en diagonale (ils peuvent être inversés).
- Les mots peuvent se chevaucher ou se croiser.

2) UN APPRENTISSAGE ACTIF

Un espace est prévu à côté de chaque mots pour noter la traduction. Pour favoriser un apprentissage actif un **DICTIONNAIRE** à la fin de cette édition vous permettra de vérifier et étendre vos connaissances. Cherchez et notez les traductions, trouvez-les dans le Puzzle et ajoutez-les à votre vocabulaire !

3) MARQUEZ LES MOTS

Vous pouvez inventer votre propre système de marquage. Peut-être en utilisez-vous déjà un ? Sinon, vous pourriez, par exemple, marquer les mots qui ont été difficiles à trouver d'une croix, ceux que vous avez aimés d'une étoile, les mots nouveaux d'un triangle, les mots rares d'un diamant, etc...

4) STRUCTUREZ VOTRE APPRENTISSAGE

Cette édition vous offre un **CARNET DE NOTES** très pratique à la fin du livre. En vacances ou en voyage ou à la maison, vous pouvez facilement organiser vos nouvelles connaissances sans avoir besoin d'un second bloc-notes !

5) VOUS AVEZ FINI TOUTES LES GRILLES ?

Allez à la section bonus **CHALLENGE FINAL** pour trouver un jeu gratuit à la fin de cette édition !

Simple et Rapide ! Découvrez notre collection de livres d'activités pour votre prochain moment de détente et **d'apprentissage**, à juste un clic de distance !

Trouvez votre prochain défi sur :

BestActivityBooks.com/MonProchainLivre

À vos marques, prêts... Partez !

Saviez-vous qu'il existe environ 7 000 langues différentes dans le monde ? Les mots sont précieux.

Nous aimons les langues et avons travaillé dur pour créer les livres de la plus haute qualité pour vous. Nos ingrédients ?

Une sélection des thématiques d'apprentissage adaptée, trois belles parts de divertissement, puis nous ajoutons une cuillère de mots difficiles et une pincée de mots rares. Nous les servons avec soin et un maximum de plaisir pour vous permettre de résoudre les meilleurs jeux de mots mêlés qui soient et d'apprendre en vous amusant !

Votre avis est essentiel. Vous pouvez participer activement au succès de ce livre en nous laissant un commentaire. Nous aimerions vraiment savoir ce que vous avez préféré dans cette édition !

Voici un lien rapide qui vous mènera à la page d'évaluation de vos commandes :

<u>BestBooksActivity.com/Avis50</u>

Merci pour votre aide et amusez-vous bien !

De la part de toute l'équipe

1 - Adjectifs #2

C	I	T	B	D	J	Z	B	R	V	F	P	D	B
R	N	G	A	E	R	G	E	Z	O	N	D	R	E
E	T	U	O	Z	R	O	W	I	L	D	F	A	S
A	E	R	E	Z	A	O	O	G	A	C	A	M	C
T	R	E	V	I	U	Z	E	G	Q	N	A	A	H
I	E	R	S	E	T	F	B	M	O	I	G	T	R
E	S	T	L	J	H	H	O	H	D	E	E	I	I
F	S	O	A	E	E	M	N	W	N	U	B	S	J
O	A	I	P	S	N	N	U	F	H	W	K	C	V
I	N	K	E	C	T	N	A	G	E	L	E	H	E
T	T	F	R	V	I	O	L	S	T	E	R	K	N
F	I	Y	I	U	E	B	R	Q	I	M	N	U	D
C	Q	O	G	O	K	G	I	T	H	C	A	R	K
P	R	O	D	U	C	T	I	E	F	I	T	P	G

AUTHENTIEK
BEROEMD
CREATIEF
BESCHRIJVEND
BEGAAFD
DRAMATISCH
ELEGANT
TROTS
STERK
INTERESSANT
NIEUW
PRODUCTIEF
KRACHTIG
ZUIVER
GEZOND
ZOUT
WILD
DROOG
SLAPERIG

2 - Formes

B	J	V	L	O	B	H	H	S	A	Q	R	D	H
R	A	N	D	E	N	Q	O	S	K	E	G	E	L
O	S	U	B	U	K	R	E	T	R	O	V	D	H
U	Z	H	M	E	S	R	K	B	E	Y	E	N	Y
Q	F	O	P	K	Z	R	I	O	C	O	E	O	P
I	K	Z	K	S	T	N	W	C	H	V	L	R	E
D	O	G	A	A	I	S	K	M	T	A	H	V	R
F	B	O	O	G	N	I	A	A	H	A	O	I	B
P	R	I	S	M	A	T	F	L	O	L	E	E	O
P	I	R	A	M	I	D	E	K	E	D	K	R	O
C	I	L	I	N	D	E	R	L	K	Z	R	K	L
K	D	R	I	E	H	O	E	K	I	D	U	A	P
L	I	L	I	M	N	N	H	S	G	J	M	N	I
C	U	R	V	E	X	L	L	S	M	R	N	T	U

BOOG
RANDEN
VIERKANT
CIRKEL
HOEK
CURVE
KEGEL
KANT
KUBUS
CILINDER
HYPERBOOL
LIJN
OVAAL
VEELHOEK
PRISMA
PIRAMIDE
RECHTHOEK
RONDE
BOL
DRIEHOEK

3 - Force et Gravité

A	K	W	N	Q	C	H	U	A	F	C	C	R	N
F	F	U	E	U	B	G	N	I	G	E	W	E	B
T	Q	S	G	F	V	T	I	T	W	M	N	C	U
C	Z	I	T	N	C	R	V	V	R	A	A	E	I
A	C	I	N	A	H	C	E	M	I	G	T	N	T
D	R	U	K	A	N	Z	R	O	J	N	U	T	B
Y	R	Q	U	B	D	D	S	O	V	E	U	R	R
Z	U	M	H	T	R	X	E	U	I	T	R	U	E
J	P	Y	D	H	T	D	E	I	N	I	K	M	I
I	M	P	A	C	T	I	L	A	G	S	U	B	D
A	J	W	C	I	O	P	J	Y	S	M	N	V	I
P	X	B	Y	W	E	O	H	D	B	E	D	W	N
H	E	W	N	E	T	E	N	A	L	P	E	E	G
K	M	P	J	G	N	I	K	K	E	D	T	N	O

AS
CENTRUM
ONTDEKKING
AFSTAND
UITBREIDING
WRIJVING
IMPACT
MAGNETISME
MECHANICA
BEWEGING
BAAN
NATUURKUNDE
PLANETEN
GEWICHT
DRUK
TIJD
UNIVERSEEL

4 - Adjectifs #1

A	V	N	Q	W	L	X	A	D	J	U	B	A	A
A	G	I	D	L	U	H	C	S	N	O	H	M	R
N	N	U	E	O	G	D	T	S	W	S	F	B	O
T	O	K	W	N	K	J	I	L	R	E	E	I	M
R	J	I	Q	U	O	Y	E	T	A	B	E	T	A
E	L	I	D	D	G	R	F	N	A	E	X	I	T
K	P	A	S	E	V	L	M	M	W	L	O	E	I
K	E	G	N	J	N	V	B	Y	Z	A	T	U	S
E	R	S	R	G	R	T	T	N	W	N	I	S	C
L	F	J	E	N	Z	G	I	D	F	G	S	N	H
I	E	C	D	J	U	A	K	E	O	R	C	U	V
J	C	I	O	O	M	P	A	M	K	I	H	E	T
K	T	M	M	N	R	R	P	M	V	J	B	F	O
A	R	T	I	S	T	I	E	K	S	K	E	G	Q

ACTIEF
AMBITIEUS
AROMATISCH
ARTISTIEK
AANTREKKELIJK
MOOI
EXOTISCH
ENORM
GUL
EERLIJK
IDENTIEK
BELANGRIJK
ONSCHULDIG
JONG
LANGZAAM
ZWAAR
DUN
MODERN
PERFECT

5 - Instruments de Musique

T	C	E	E	C	R	C	U	F	B	Q	B	K	D
R	N	J	I	R	E	O	B	M	A	T	J	E	Y
O	F	T	S	V	K	G	D	K	J	G	N	O	G
M	L	D	S	C	I	G	F	V	V	P	O	J	S
M	H	B	U	E	N	O	B	M	O	R	T	T	H
E	A	W	C	V	O	N	O	S	K	L	E	I	O
L	R	Q	R	P	O	A	R	L	X	S	P	U	B
M	P	O	E	Q	F	I	K	N	U	N	M	L	O
K	A	F	P	K	O	P	W	M	O	Z	O	F	B
O	A	R	W	K	X	D	K	O	O	O	R	C	C
T	E	N	I	R	A	L	K	C	R	S	T	B	K
K	V	M	K	M	S	G	I	T	A	A	R	X	D
C	E	L	L	O	B	J	V	B	A	N	J	O	I
J	X	H	D	F	V	A	C	P	T	S	L	K	T

BANJO
FAGOT
KLARINET
FLUIT
GONG
GITAAR
HARP
HOBO
MARIMBA
PERCUSSIE
PIANO
SAXOFOON
TROMMEL
TAMBOERIJN
TROMBONE
TROMPET
VIOOL
CELLO

6 - Échecs

P	T	Q	T	K	P	K	O	T	S	C	D	W	Y
D	U	Y	W	E	W	O	T	E	P	M	I	L	S
S	K	N	B	I	W	N	J	G	E	N	A	E	U
T	G	E	T	G	P	I	J	E	L	I	G	P	I
H	J	R	I	E	Q	N	R	N	E	R	O	S	T
N	N	E	W	T	N	G	E	S	R	R	N	N	D
K	P	L	E	A	B	X	G	T	E	J	A	E	A
P	O	F	C	R	X	U	L	A	I	E	A	B	G
S	A	N	V	T	L	S	E	N	Q	W	L	O	I
L	D	S	I	S	L	M	M	D	J	I	T	T	N
F	Z	C	S	N	N	D	E	E	I	S	R	B	G
Y	I	M	K	I	G	X	N	R	G	S	C	O	E
G	O	Y	C	E	E	I	T	Z	W	A	R	T	N
J	U	F	N	G	U	F	N	O	F	F	E	R	O

TEGENSTANDER
LEREN
WIT
UITDAGINGEN
DIAGONAAL
SLIM
SPEL
SPELER
ZWART
PASSIEF
PUNTEN
KONINGIN
REGLEMENT
KONING
OFFER
STRATEGIE
TIJD

7 - Herboristerie

S	R	I	L	A	V	E	N	D	E	L	A	K	B
V	A	O	V	L	C	R	X	R	W	U	R	W	A
O	G	F	Z	D	R	A	G	O	N	G	O	A	S
O	R	M	F	E	V	H	J	D	Q	S	M	L	I
R	O	H	R	R	M	E	O	L	B	M	A	I	L
D	E	K	K	C	A	A	N	O	M	A	T	T	I
E	N	O	B	U	F	A	R	K	N	A	I	E	C
L	Q	O	A	L	B	W	N	I	E	K	S	I	U
I	J	L	D	I	A	Z	I	Z	J	L	C	T	M
G	S	F	T	N	U	M	U	F	I	N	H	H	Y
H	G	O	U	A	P	K	T	V	T	T	I	J	M
F	T	N	Ë	I	D	E	R	G	N	I	F	R	I
K	B	K	E	R	M	A	R	J	O	L	E	I	N
P	E	T	E	R	S	E	L	I	E	M	J	N	F

KNOFLOOK
AROMATISCH
BASILICUM
VOORDELIG
CULINAIR
DRAGON
VENKEL
BLOEM
INGREDIËNT
TUIN
LAVENDEL
MARJOLEIN
MUNT
PETERSELIE
KWALITEIT
ROZEMARIJN
SAFFRAAN
SMAAK
TIJM
GROEN

8 - Véhicules

V	O	N	D	E	R	Z	E	E	Ë	R	Y	A	M
N	E	D	N	A	B	L	R	M	M	F	Y	U	E
C	L	E	A	M	B	U	L	A	N	C	E	T	T
Z	T	T	R	E	T	O	O	C	S	U	H	O	R
H	T	R	O	B	O	H	G	L	E	E	Z	X	O
E	U	A	B	I	O	B	I	X	A	T	S	Y	T
L	H	C	C	U	B	O	U	O	M	O	T	O	R
I	S	T	A	K	S	J	T	O	L	V	E	L	E
K	E	O	R	O	F	X	G	R	O	K	I	R	X
O	A	R	A	W	T	G	E	O	A	H	F	Q	B
P	X	M	V	G	F	Y	I	Z	I	K	S	I	V
T	D	V	A	J	Q	T	L	D	O	L	E	O	N
E	A	J	N	J	N	T	V	U	V	B	J	T	P
R	H	X	V	R	A	C	H	T	A	U	T	O	X

AMBULANCE
VLIEGTUIG
BOOT
BUS
VRACHTAUTO
CARAVAN
VEERBOOT
RAKET
HELIKOPTER
METRO
MOTOR
SHUTTLE
BANDEN
VLOT
SCOOTER
ONDERZEEËR
TAXI
TRACTOR
FIETS
AUTO

9 - Camping

V	U	L	A	P	P	A	R	A	T	U	U	R	Z
S	E	A	H	A	N	G	M	A	T	N	E	T	K
T	D	N	A	R	B	D	T	Z	G	T	I	T	B
B	E	T	U	J	Y	L	P	H	Q	J	Y	E	C
B	O	A	K	E	N	I	B	A	C	K	B	Q	X
E	H	A	G	V	G	N	N	K	A	A	T	K	D
R	T	R	D	U	K	S	O	B	T	A	J	H	O
G	G	N	K	R	C	E	N	M	N	R	J	G	G
N	T	M	N	O	X	C	A	N	E	T	F	O	D
X	F	N	A	A	M	T	K	I	R	E	G	M	N
H	U	F	T	N	R	P	B	M	E	J	R	I	L
U	O	N	U	D	B	Y	A	N	I	T	O	U	W
V	P	Q	U	J	D	T	P	S	D	L	K	G	A
I	U	S	R	A	V	O	N	T	U	U	R	O	F

DIEREN
AVONTUUR
KOMPAS
CABINE
KANO
KAART
HOED
JACHT
TOUW
APPARATUUR

BRAND
BOS
HANGMAT
INSECT
MEER
LANTAARN
MAAN
BERG
NATUUR
TENT

10 - Écologie

D	R	O	O	G	T	E	N	M	F	E	B	Q	V
M	A	R	I	N	I	E	R	O	H	G	G	E	A
W	N	T	B	E	M	D	A	E	T	H	P	R	R
C	U	I	E	T	U	U	T	R	C	T	J	X	I
N	A	V	R	N	Q	U	I	A	R	O	L	F	Ë
G	F	G	G	A	T	R	E	S	A	R	J	R	T
K	L	U	E	L	A	Z	T	R	T	M	A	Z	E
X	D	O	N	P	T	A	I	C	Z	M	I	J	I
D	V	E	B	N	I	A	S	K	R	K	O	L	T
I	O	M	N	A	B	M	R	M	A	K	A	F	K
D	Q	K	B	N	A	Z	E	N	A	T	U	U	R
S	L	Q	H	B	H	L	V	N	S	C	F	W	P
S	R	E	G	I	L	L	I	W	J	I	R	V	K
W	S	O	O	R	T	E	D	W	U	K	T	T	K

VRIJWILLIGERS
KLIMAAT
DIVERSITEIT
DUURZAAM
SOORT
FAUNA
FLORA
GLOBAAL
HABITAT
MOERAS
MARINIER
BERGEN
NATUUR
PLANTEN
DROOGTE
VARIËTEIT

11 - Géométrie

O	P	P	E	R	V	L	A	K	H	L	H	T	N
C	P	D	N	H	Z	Y	Q	E	I	E	O	H	U
H	M	I	V	N	J	T	D	O	W	L	X	E	M
O	A	A	N	A	Y	E	U	H	K	L	X	O	M
O	S	M	S	A	H	I	H	H	E	A	B	R	E
G	S	E	E	I	T	R	O	P	O	R	P	I	R
T	A	T	G	D	S	T	V	Z	H	A	I	E	Y
E	B	E	M	E	I	E	J	N	E	P	P	F	Q
N	F	R	E	M	U	M	U	V	I	Q	B	D	B
P	H	O	N	F	Z	M	E	V	R	U	C	Q	S
R	X	I	T	Q	A	Y	G	N	D	Z	F	P	A
L	O	G	I	C	A	S	W	T	S	O	Y	J	H
M	S	R	I	O	V	L	E	K	R	I	C	S	Q
C	G	N	I	K	J	I	L	E	G	R	E	V	X

HOEK
CIRKEL
CURVE
DIAMETER
DIMENSIE
VERGELIJKING
HOOGTE
LOGICA
MASSA
MEDIAAN
NUMMER
PARALLEL
PROPORTIE
SEGMENT
OPPERVLAK
SYMMETRIE
THEORIE
DRIEHOEK

12 - Les Médias

D	C	I	P	U	B	L	I	E	K	I	O	L	N
I	O	N	E	R	G	W	U	B	P	N	N	O	E
G	M	T	N	D	N	U	L	Y	W	D	D	K	T
I	M	E	G	N	I	N	E	M	T	U	E	A	W
T	U	L	T	G	R	T	E	E	J	S	R	A	E
A	N	L	E	N	E	T	I	E	F	T	W	L	R
A	I	E	L	I	I	W	C	E	F	R	I	H	K
L	C	C	E	D	C	K	R	Y	Q	I	J	O	S
F	A	T	V	U	N	R	E	L	D	E	S	Q	O
O	T	U	I	O	A	A	M	R	A	D	I	O	N
T	I	E	S	H	N	N	M	S	E	X	Y	D	L
O	E	E	I	U	I	T	O	K	L	O	H	W	I
S	H	L	E	V	F	E	C	D	W	G	V	E	N
A	T	E	H	J	X	N	E	V	O	W	D	L	E

HOUDING
COMMERCIEEL
COMMUNICATIE
ONLINE
EDITIE
ONDERWIJS
FEITEN
FINANCIERING
INDUSTRIE
INTELLECTUEEL
KRANTEN
LOKAAL
DIGITAAL
MENING
FOTO'S
PUBLIEK
RADIO
NETWERK
TELEVISIE

13 - Diplomatie

P	T	C	Q	D	A	L	K	S	F	W	Q	I	G
O	C	W	R	I	A	T	I	N	A	M	U	H	E
L	D	S	C	S	R	E	G	R	U	B	I	A	R
I	M	Z	T	C	I	L	F	N	O	C	N	M	E
T	E	I	T	U	L	O	S	E	R	E	T	B	C
I	G	N	I	S	S	O	L	P	O	T	E	A	H
E	R	M	A	S	W	K	J	G	I	H	G	S	T
K	W	U	Z	I	K	Y	Y	L	U	I	R	S	I
F	B	U	E	E	O	J	S	T	R	E	I	A	G
A	M	B	A	S	S	A	D	E	P	K	T	D	H
A	Y	K	G	N	I	R	E	G	E	R	E	E	E
F	T	C	A	R	E	V	H	X	Y	C	I	U	I
V	E	R	D	R	A	G	D	Q	F	M	T	R	D
R	Z	Y	N	M	X	F	R	A	N	K	M	J	Z

AMBASSADE
AMBASSADEUR
BURGERS
CONFLICT
ADVISEUR
DISCUSSIE
ETHIEK
REGERING
HUMANITAIR
INTEGRITEIT
GERECHTIGHEID
POLITIEK
RESOLUTIE
OPLOSSING
VERDRAG

14 - Astronomie

O	H	S	M	G	X	S	A	W	N	X	S	S	A
B	E	X	O	N	I	U	Q	E	N	B	A	T	S
S	M	P	O	I	L	P	I	M	U	M	T	E	T
E	E	G	N	T	E	E	N	A	L	P	E	R	E
R	L	G	O	U	V	R	N	G	V	K	L	R	R
V	E	L	R	A	E	N	A	N	S	Z	L	E	O
A	U	T	T	N	N	O	A	I	O	G	I	N	Ï
T	T	J	S	O	L	V	M	L	M	Z	E	B	D
O	Q	J	A	R	M	A	T	A	S	G	T	E	E
R	O	O	E	T	E	M	L	R	O	N	E	E	Y
I	U	O	K	S	D	A	Y	T	K	P	K	L	D
U	T	M	B	A	E	S	O	S	R	M	A	D	S
M	G	N	I	R	E	T	S	I	U	D	R	E	V
L	O	O	Y	A	A	R	D	E	Z	N	L	L	P

ASTEROÏDE
ASTRONAUT
ASTRONOOM
HEMEL
STERRENBEELD
KOSMOS
VERDUISTERING
EQUINOX
RAKET
MAAN
METEOOR
NEVEL
OBSERVATORIUM
PLANEET
STRALING
SATELLIET
ZONNE
SUPERNOVA
AARDE

15 - Physique

Z	W	A	A	R	T	E	K	R	A	C	H	T	F
R	L	A	E	M	E	C	H	A	N	I	C	A	O
E	N	T	L	R	A	P	D	L	E	O	U	B	R
L	U	O	E	T	G	F	I	E	K	X	B	T	M
A	C	O	K	H	N	V	E	E	N	D	L	R	U
T	L	M	T	K	I	T	H	S	A	G	Z	C	L
I	E	M	R	Y	L	Y	T	R	C	V	Y	H	E
V	A	O	O	M	L	C	H	E	M	I	S	C	H
I	I	T	N	A	E	M	C	V	J	L	O	A	I
T	R	O	P	S	N	X	I	I	A	Y	A	C	N
E	D	R	S	S	S	T	D	N	B	C	H	C	X
I	I	S	D	A	R	G	L	U	F	I	C	S	H
T	X	N	F	R	E	Q	U	E	N	T	I	E	P
G	D	S	G	D	V	M	O	L	E	C	U	U	L

VERSNELLING
ATOOM
CHAOS
CHEMISCH
DICHTHEID
ELEKTRON
FORMULE
FREQUENTIE
GAS
ZWAARTEKRACHT
MASSA
MECHANICA
MOLECUUL
MOTOR
NUCLEAIR
RELATIVITEIT
UNIVERSEEL

16 - Types de Cheveux

Y	O	K	Z	A	C	H	T	Z	J	D	X	R	G
K	Z	R	W	N	E	B	R	W	G	U	U	S	E
J	B	U	N	I	W	B	O	A	L	N	W	D	K
N	P	L	K	U	T	S	K	R	I	F	L	P	L
E	M	L	Y	R	T	U	R	T	M	S	L	V	E
T	Q	E	H	B	U	D	Y	R	M	R	A	H	U
H	Y	N	Y	U	I	L	L	D	E	S	N	Z	R
C	J	D	D	T	E	Y	L	G	N	V	G	S	D
O	B	N	I	Q	P	P	P	E	D	O	L	J	M
L	P	O	K	D	R	O	O	G	N	H	A	I	M
V	S	L	H	L	M	W	K	T	O	K	S	R	Z
E	A	B	M	D	Z	F	A	E	Z	Y	P	G	C
G	O	L	V	E	N	D	A	H	E	H	F	Z	J
W	I	V	O	I	V	E	L	C	G	I	B	Y	N

ZILVER
WIT
BLOND
KRULLEN
GLIMMEND
KAAL
GEKLEURD
KORT
ZACHT
DIK
KRULLEND
GRIJS
LANG
BRUIN
DUN
ZWART
GOLVEND
GEZOND
DROOG
GEVLOCHTEN

17 - Archéologie

E	T	O	L	N	K	R	E	W	E	D	R	A	A
V	Z	G	N	I	L	E	M	O	K	A	N	N	H
A	X	U	E	D	I	E	H	D	U	O	S	A	I
L	E	J	T	N	E	T	C	E	J	B	O	L	F
U	I	H	T	E	M	R	T	E	A	M	O	Y	O
A	W	B	O	K	T	Y	Z	E	S	L	E	S	S
T	K	J	B	E	R	I	S	O	Z	B	X	E	S
I	I	S	T	B	T	F	J	T	E	V	U	W	I
E	L	D	Q	N	D	E	R	D	E	K	O	H	E
U	E	E	J	O	G	R	A	F	P	R	E	Q	L
P	R	O	F	E	S	S	O	R	P	E	I	R	F
T	E	M	P	E	L	N	E	T	E	G	R	E	V
D	E	S	K	U	N	D	I	G	E	E	V	K	V
B	E	S	C	H	A	V	I	N	G	J	O	E	X

ANALYSE
OUDHEID
ONDERZOEKER
BESCHAVING
NAKOMELING
DESKUNDIGE
TIJDPERK
TEAM
EVALUATIE
FOSSIEL
ONBEKEND
MYSTERIE
OBJECTEN
BOTTEN
VERGETEN
AARDEWERK
PROFESSOR
RELIKWIE
TEMPEL
GRAF

18 - Mammifères

E	Q	J	L	Q	G	S	K	E	Y	V	F	K	T
O	W	D	S	T	I	E	R	E	D	R	A	A	P
K	O	N	I	J	N	S	E	Z	C	M	R	T	N
K	P	O	P	I	R	J	E	Y	O	U	I	G	U
Q	L	H	M	F	J	X	B	D	Y	W	G	Y	K
K	A	N	G	O	E	R	O	E	O	S	C	L	M
W	O	L	F	O	L	S	T	D	T	J	G	E	V
D	O	L	F	I	J	N	C	I	E	C	F	E	W
O	L	I	F	A	N	T	P	R	J	Z	F	U	N
Z	T	V	Y	S	C	H	A	A	P	G	X	W	D
E	K	O	Z	K	Z	P	J	R	U	F	E	X	C
F	V	S	I	V	L	A	W	B	C	O	D	R	F
G	O	R	I	L	L	A	K	E	T	T	B	L	X
F	S	D	N	T	O	P	C	Z	I	O	T	W	H

WALVIS
KAT
PAARD
HOND
COYOTE
DOLFIJN
OLIFANT
GIRAF
GORILLA
KANGOEROE

KONIJN
LEEUW
WOLF
SCHAAP
BEER
VOS
AAP
STIER
TIJGER
ZEBRA

19 - Chocolat

S	Q	T	R	P	S	G	R	D	J	I	F	K	A
N	M	H	U	T	N	R	E	T	T	I	B	W	R
V	V	A	X	Z	O	A	C	A	C	W	H	A	O
R	B	K	A	K	E	W	E	Y	A	R	I	L	M
J	C	M	U	K	P	R	P	F	J	B	I	I	A
S	P	O	E	D	E	R	T	R	F	I	N	T	H
A	N	T	I	O	X	I	D	A	N	T	G	E	E
D	W	K	E	K	A	R	A	M	E	L	R	I	E
N	D	M	T	O	J	N	N	G	Z	S	E	T	R
I	T	P	I	U	Z	I	Y	W	F	U	D	G	L
P	E	X	O	T	I	S	C	H	N	I	I	S	I
C	A	L	O	R	I	E	Ë	N	I	K	Ë	L	J
K	O	K	O	S	N	O	O	T	P	E	N	W	K
A	R	T	I	S	A	N	A	A	L	R	T	T	J

BITTER
ANTIOXIDANT
AROMA
ARTISANAAL
SNOEP
PINDA'S
CACAO
CALORIEËN
KARAMEL
HEERLIJK

ZOET
EXOTISCH
SMAAK
INGREDIËNT
KOKOSNOOT
POEDER
KWALITEIT
RECEPT
SUIKER

20 - Mathématiques

E	B	X	W	Z	L	Y	F	R	A	C	T	I	E
P	X	G	H	O	E	K	E	N	L	S	N	V	I
B	A	P	B	C	P	F	X	X	O	T	A	E	R
O	X	R	O	V	O	U	U	X	O	R	K	E	T
L	D	S	A	N	B	W	D	D	D	A	R	L	E
R	I	Y	L	L	E	Y	N	R	R	A	E	H	M
E	A	M	Q	A	L	N	B	I	E	L	I	O	O
C	M	M	K	A	F	E	T	E	C	K	V	E	E
H	E	E	I	M	Y	K	L	H	H	K	C	K	G
T	T	T	Y	I	V	P	E	O	T	P	W	G	F
H	E	R	T	C	S	E	W	E	Z	X	J	N	Q
O	R	I	T	E	K	O	X	K	E	R	T	M	O
E	T	E	Y	D	P	F	M	V	O	L	U	M	E
K	B	R	E	K	E	N	K	U	N	D	I	G	L

HOEKEN
REKENKUNDIG
VIERKANT
OMTREK
DECIMAAL
DIAMETER
EXPONENT
FRACTIE
GEOMETRIE
PARALLEL
LOODRECHT
VEELHOEK
STRAAL
RECHTHOEK
SOM
BOL
SYMMETRIE
DRIEHOEK
VOLUME

21 - Mythologie

E	R	S	T	E	R	F	E	L	I	J	K	N	K
M	O	N	S	T	E	R	Q	L	E	Y	C	I	R
N	W	Z	Y	T	R	K	R	E	D	N	O	D	I
N	N	I	K	H	C	S	I	G	A	M	P	L	J
A	R	D	Q	C	I	J	D	E	A	S	I	E	G
J	R	V	M	A	R	D	G	N	F	R	F	H	E
A	Z	C	U	R	U	G	R	D	I	K	D	X	R
L	D	W	H	K	N	Q	A	E	L	B	E	E	D
O	H	B	R	E	B	L	I	K	S	E	M	C	G
E	H	P	X	A	T	C	R	E	A	T	I	E	W
Z	R	A	M	P	A	Y	N	N	Z	N	C	U	E
I	H	E	L	D	J	K	P	A	K	M	T	D	Z
E	D	O	O	L	H	O	F	E	N	U	O	S	E
O	V	E	R	T	U	I	G	I	N	G	E	N	N

ARCHETYPE
RAMP
GEDRAG
CREATIE
WEZEN
OVERTUIGINGEN
BLIKSEM
KRACHT
KRIJGER
HELDIN
HELD
JALOEZIE
DOOLHOF
LEGENDE
MAGISCH
MONSTER
STERFELIJK
DONDER
WRAAK

22 - Restaurant #2

V	S	L	I	K	T	G	K	Z	D	C	A	K	E
O	O	X	J	N	Y	R	G	O	Q	R	T	D	W
R	E	H	S	Y	W	O	S	U	U	E	A	H	I
K	P	L	L	E	P	E	L	T	L	B	A	N	Y
I	S	U	K	D	U	N	J	G	U	O	S	D	K
H	C	Y	W	A	U	T	F	E	N	O	N	Z	Y
S	K	J	I	L	R	E	E	H	C	I	S	Q	I
R	T	P	G	A	H	D	N	R	H	B	L	N	E
R	M	O	W	S	I	D	I	W	A	T	E	R	I
D	O	O	E	I	A	N	G	N	A	I	D	O	E
G	V	A	W	L	D	J	U	J	E	U	E	I	R
S	P	E	C	E	R	I	J	E	N	R	O	J	E
I	I	N	R	X	I	M	E	V	C	F	N	T	N
V	U	G	A	G	M	O	A	U	W	Y	U	N	T

DRANK
STOEL
LEPEL
LUNCH
HEERLIJK
DINER
WATER
SPECERIJEN
VORK
FRUIT
CAKE
IJS
GROENTE
NOEDELS
EIEREN
VIS
SALADE
ZOUT
OBER
SOEP

23 - Beauté

O	O	S	Q	O	C	O	S	M	E	T	I	C	A
S	L	C	C	P	N	D	S	H	A	M	P	O	O
Q	C	I	W	I	E	J	I	M	R	M	E	C	I
G	G	H	Ë	E	L	Q	T	E	D	A	N	E	G
F	E	N	A	N	L	A	I	B	N	D	E	M	J
B	U	N	G	A	U	L	W	B	E	S	I	S	K
P	R	S	L	T	R	U	E	L	K	I	T	Z	J
G	L	A	D	N	K	O	W	I	Y	E	N	E	I
M	A	S	C	A	R	A	H	K	U	X	A	M	N
I	N	Z	V	G	X	D	U	G	S	A	G	R	V
P	W	V	L	E	G	E	I	P	S	O	E	A	G
Z	A	D	Z	L	M	O	D	P	Q	Q	L	H	G
L	I	P	P	E	N	S	T	I	F	T	E	C	R
V	E	R	Z	I	N	N	E	N	R	P	G	C	O

KRULLEN
CHARME
SCHAAR
COSMETICA
KLEUR
ELEGANTIE
ELEGANT
GENADE
OLIËN
GLAD
VERZINNEN
MASCARA
SPIEGEL
GEUR
HUID
LIPPENSTIFT
DIENSTEN
SHAMPOO

24 - Avions

F	B	M	S	C	Q	L	R	G	M	O	B	P	J
W	O	O	G	R	Q	M	U	P	R	L	E	A	X
X	U	T	E	T	L	K	U	C	M	F	M	S	R
P	W	O	R	I	O	E	T	X	H	O	A	S	B
I	R	R	K	I	B	K	N	G	O	T	N	A	A
R	T	O	O	L	I	P	O	N	P	S	N	G	L
N	X	E	P	G	X	R	V	I	B	R	I	I	L
R	Q	M	L	E	N	V	A	T	L	E	N	E	O
H	I	K	K	B	L	K	M	H	A	T	G	R	N
D	E	D	G	K	U	L	G	C	Z	A	B	G	E
B	F	M	G	R	K	D	E	I	E	W	C	Q	D
Q	U	U	E	P	K	U	M	R	N	M	Q	U	N
X	Q	D	Q	L	R	E	E	F	S	O	M	T	A
G	E	S	C	H	I	E	D	E	N	I	S	U	L

LUCHT
ATMOSFEER
LANDEN
AVONTUUR
BALLON
HEMEL
BOUW
RICHTING
BEMANNING
OPBLAZEN
PROPELLERS
GESCHIEDENIS
WATERSTOF
MOTOR
PASSAGIER
PILOOT

25 - Aventure

R	E	M	S	A	I	S	U	O	H	T	N	E	K
K	E	T	H	H	C	R	E	I	Z	E	N	D	Q
B	A	I	R	U	U	T	A	N	G	P	J	G	S
E	G	N	S	K	S	H	I	R	G	W	I	U	T
S	E	O	S	P	C	L	V	V	J	M	O	E	D
T	V	O	W	B	L	Y	W	P	I	Q	L	R	M
E	A	W	T	A	E	A	B	P	S	T	A	V	Q
M	A	E	A	T	J	A	N	W	W	U	E	I	N
M	R	G	N	A	V	I	G	A	T	I	E	I	F
I	L	N	E	G	N	I	G	A	D	T	I	U	T
N	I	O	D	S	C	H	O	O	N	H	E	I	D
G	J	J	V	E	I	L	I	G	H	E	I	D	I
H	K	M	O	E	I	L	I	J	K	H	E	I	D
V	O	O	R	B	E	R	E	I	D	I	N	G	P

ACTIVITEIT
SCHOONHEID
MOED
KANS
GEVAARLIJK
BESTEMMING
UITDAGINGEN
MOEILIJKHEID
ENTHOUSIASME
ONGEWOON
REISPLAN
VREUGDE
NATUUR
NAVIGATIE
NIEUW
VOORBEREIDING
VEILIGHEID
REIZEN

26 - Ville

B	S	G	A	L	E	R	I	J	B	R	S	G	G
A	A	T	N	D	B	W	J	L	L	S	K	M	L
P	Y	K	A	M	A	R	K	T	O	P	E	M	V
O	P	G	K	D	S	R	O	A	E	O	E	T	M
T	O	O	I	E	I	Q	V	T	M	O	H	J	U
H	T	M	E	B	R	O	J	Z	I	C	T	C	E
E	L	N	K	J	R	I	N	U	S	S	O	E	S
E	E	L	A	K	E	F	J	X	T	O	I	K	U
K	T	S	E	L	T	K	E	I	N	I	L	K	M
B	O	E	K	H	A	N	D	E	L	B	B	M	D
E	H	Q	V	Q	E	A	M	Z	X	B	I	B	R
P	Q	U	K	C	H	B	V	I	N	W	B	C	F
F	V	T	I	E	T	I	S	R	E	V	I	N	U
R	E	S	T	A	U	R	A	N	T	C	A	F	Z

BANK
BIBLIOTHEEK
BAKKERIJ
BIOSCOOP
KLINIEK
SCHOOL
BLOEMIST
GALERIJ
HOTEL
BOEKHANDEL
MARKT
MUSEUM
APOTHEEK
RESTAURANT
STADION
THEATER
UNIVERSITEIT

27 - Ingénierie

K	L	W	G	Q	Y	U	J	F	B	J	X	U	V
U	R	E	T	E	M	A	I	D	H	O	J	A	O
T	O	A	T	J	A	O	V	F	O	D	U	K	O
Z	T	D	C	Z	N	I	P	Q	E	I	U	W	R
X	O	G	T	H	J	Q	G	H	K	A	V	H	T
P	M	Q	E	I	T	A	T	O	R	G	L	E	S
B	E	R	E	K	E	N	I	N	G	R	O	T	T
M	E	T	I	N	G	N	D	D	V	A	E	J	U
M	A	C	H	I	N	E	I	E	Y	M	I	Y	W
D	I	S	T	R	I	B	U	T	I	E	S	D	I
O	K	E	W	N	Z	C	T	P	D	S	T	A	N
S	T	A	B	I	L	I	T	E	I	T	O	S	G
E	N	E	R	G	I	E	B	I	F	C	F	A	I
D	I	E	S	E	L	G	A	D	A	D	G	M	O

HOEK
AS
BERENKENING
BOUW
DIAGRAM
DIAMETER
DIESEL
DISTRIBUTIE
ENERGIE
KRACHT
VLOEISTOF
MACHINE
METING
MOTOR
DIEPTE
VOORTSTUWING
ROTATIE
STABILITEIT

28 - Énergie

D	B	E	N	T	R	O	P	I	E	W	I	N	D
O	E	S	H	T	B	X	E	K	D	C	J	F	U
M	N	R	C	R	G	F	O	T	S	L	O	O	K
G	Z	J	S	R	T	Q	A	U	M	W	A	T	B
E	I	S	I	X	X	L	A	N	N	Z	D	S	I
V	N	O	R	T	K	E	L	E	N	K	E	D	G
I	E	A	T	V	E	R	V	U	I	L	I	N	G
N	D	C	K	R	N	M	O	T	O	R	I	A	F
G	I	C	E	E	I	O	L	C	P	S	T	R	F
A	E	U	L	B	B	G	Z	X	Q	Q	O	B	O
Q	S	J	E	D	R	I	A	E	L	C	U	N	T
L	E	Z	A	M	U	G	D	L	N	F	Z	E	O
V	L	S	F	O	T	S	R	E	T	A	W	I	N
I	N	D	U	S	T	R	I	E	T	M	R	A	W

ACCU
KOOLSTOF
BRANDSTOF
WARMTE
DIESEL
ENTROPIE
OMGEVING
BENZINE
ELEKTRISCH
ELEKTRON
WATERSTOF
INDUSTRIE
MOTOR
NUCLEAIR
FOTON
VERVUILING
ZON
TURBINE
WIND

29 - Cuisine

P	O	L	L	E	P	E	L	J	P	R	V	Z	I
U	X	M	I	H	T	F	Z	Z	M	C	L	O	B
C	T	H	O	Z	O	V	V	R	S	N	O	P	S
G	R	I	L	L	V	O	G	E	E	C	N	M	H
K	O	M	K	T	E	E	J	Z	J	C	N	D	X
K	H	J	N	A	N	D	T	E	K	O	E	F	K
N	C	I	X	E	F	S	Q	I	O	M	J	P	K
R	S	K	F	A	T	E	M	R	T	X	I	V	T
V	O	R	K	E	N	L	W	V	S	T	R	B	E
P	O	T	K	F	H	C	E	C	T	O	E	S	V
Y	L	T	R	Y	C	S	A	T	E	L	C	K	R
M	U	E	U	R	K	N	S	L	E	P	E	L	E
A	K	Z	I	M	E	S	S	E	N	K	P	Z	S
T	S	A	K	L	E	O	K	Q	D	Z	S	X	Z

EETSTOKJES
KOM
KETEL
VRIEZER
MESSEN
KRUIK
LEPELS
SPECERIJEN
SPONS
OVEN
VORKEN
GRILL
POLLEPEL
VOEDSEL
POT
RECEPT
KOELKAST
SERVET
SCHORT
CUP

30 - Corps Humain

Q	K	S	C	H	O	U	D	E	R	H	K	E	N
V	I	V	E	O	X	G	Z	E	D	E	O	L	B
L	N	Z	S	W	E	G	N	S	T	R	E	L	C
O	I	H	O	O	F	D	I	U	H	S	N	E	A
H	O	P	N	E	R	N	M	E	C	E	K	B	Y
O	A	R	P	I	R	A	O	N	I	N	E	O	T
U	W	R	N	E	L	H	N	B	Z	E	L	O	J
O	D	G	T	I	N	P	D	R	E	N	R	G	N
W	M	U	Z	N	H	S	B	D	G	C	F	A	F
U	W	F	T	K	O	E	M	A	F	T	Q	A	V
V	E	J	C	Z	K	K	L	M	C	U	L	M	O
Y	O	C	E	G	X	A	S	L	X	S	Y	O	Q
V	I	N	G	E	R	A	G	F	R	A	P	S	P
W	I	D	L	O	H	K	S	M	B	D	J	A	I

MOND
HERSENEN
ENKEL
NEK
ELLEBOOG
HART
VINGER
MAAG
SCHOUDER
KNIE
LIPPEN
HAND
KAAK
KIN
NEUS
OOR
HUID
BLOED
HOOFD
GEZICHT

31 - Épices

P	O	R	D	Z	D	M	K	N	C	H	M	U	P
E	H	R	E	T	T	I	B	E	Z	N	S	M	A
P	L	E	K	N	E	V	N	J	R	U	U	Z	P
E	S	B	Z	O	W	W	Q	R	W	R	G	K	R
R	J	M	K	O	O	L	F	O	N	K	I	C	I
C	I	E	A	S	U	F	R	R	S	D	L	E	K
A	N	G	I	A	K	T	G	Q	C	M	Q	Q	A
R	A	T	A	A	K	S	U	M	T	O	O	N	K
K	O	R	I	A	N	D	E	R	M	M	X	J	A
V	A	N	I	L	L	E	O	W	N	E	X	I	N
R	V	H	Y	C	D	E	O	K	K	D	E	M	E
P	D	O	Y	R	X	R	U	I	W	R	S	O	E
I	I	E	O	N	A	A	R	F	F	A	S	K	L
U	W	Q	Q	B	O	G	M	O	L	K	B	E	Z

ZUUR
KNOFLOOK
BITTER
ANIJS
KANEEL
KARDEMOM
KORIANDER
KOMIJN
KERRIE
VENKEL
GEMBER
NOOTMUSKAAT
UI
PAPRIKA
PEPER
DROP
SAFFRAAN
SMAAK
ZOUT
VANILLE

32 - Science

N	M	W	Y	A	X	F	D	E	N	E	G	B	H
C	N	P	Y	T	Z	O	R	X	A	M	O	D	Y
D	H	U	K	O	R	S	M	P	T	S	S	J	P
Y	E	E	E	O	B	S	H	E	U	I	N	F	O
O	F	E	M	M	I	I	H	R	U	N	E	R	T
V	E	E	L	I	K	E	C	I	R	A	V	F	H
A	I	D	E	T	S	L	U	M	K	G	E	X	E
R	B	O	I	R	J	C	P	E	U	R	G	M	S
K	C	H	T	M	T	E	H	N	N	O	E	X	E
N	A	T	U	U	R	L	S	T	D	S	G	N	L
S	N	E	L	N	E	L	U	C	E	L	O	M	A
V	F	M	O	K	T	M	K	L	I	M	A	A	T
O	H	Q	V	O	B	S	E	R	V	A	T	I	E
A	V	N	E	L	A	R	E	N	I	M	U	L	P

ATOOM
CHEMISCH
KLIMAAT
GEGEVENS
EXPERIMENT
EVOLUTIE
FEIT
FOSSIEL
HYPOTHESE
METHODE
MINERALEN
MOLECULEN
NATUUR
OBSERVATIE
ORGANISME
DEELTJES
NATUURKUNDE

33 - Vêtements

B	T	R	O	H	C	S	O	V	D	T	H	H	E
U	R	A	R	M	B	A	N	D	H	R	O	A	O
S	I	O	W	V	I	F	B	K	E	U	E	N	E
V	H	N	E	L	A	D	N	A	S	I	D	D	V
H	S	R	D	K	A	L	E	S	U	A	E	S	Q
L	R	Y	O	O	D	F	O	V	O	Y	J	C	C
H	B	K	M	R	A	L	H	J	L	J	S	H	H
L	Q	P	Y	A	N	V	C	X	B	A	A	O	P
H	N	Q	Y	X	C	J	S	Z	I	J	J	E	V
Y	Z	F	Q	J	G	N	I	T	T	E	K	N	Z
S	J	A	A	L	A	N	F	T	L	A	R	E	N
V	K	G	R	N	Q	M	E	I	R	N	U	N	W
A	U	D	G	H	N	Y	A	V	P	S	J	J	X
T	B	L	N	Z	B	Y	Y	O	L	I	H	V	M

ARMBAND
RIEM
HOED
SCHOEN
SHIRT
BLOUSE
KETTING
SJAAL
HANDSCHOENEN
JEANS
ROK
JAS
MODE
BROEK
TRUI
PYJAMA
JURK
SANDALEN
SCHORT
JASJE

34 - Arts Visuels

Q	K	E	R	A	M	I	E	K	Y	S	B	L	W
S	E	K	R	E	W	E	D	R	A	A	E	I	C
A	T	E	R	T	R	O	P	Y	V	M	E	O	R
W	R	E	Z	I	G	A	X	T	I	E	L	K	E
F	H	T	N	O	D	S	R	A	V	N	D	H	A
I	Y	J	I	C	J	D	K	E	E	S	H	G	T
L	K	F	S	E	I	D	O	O	L	T	O	P	I
M	K	D	I	P	S	L	E	Z	E	E	U	C	V
V	H	D	L	J	I	T	U	T	U	L	W	Q	I
R	S	E	W	E	S	J	J	B	J	L	W	P	T
U	Q	B	L	L	Q	H	K	Z	J	I	E	E	E
S	C	H	I	L	D	E	R	I	J	N	R	N	I
H	U	G	R	R	H	N	Y	H	S	G	K	K	T
M	E	E	S	T	E	R	W	E	R	K	U	W	T

KLEI
ARTIEST
KERAMIEK
MEESTERWERK
EZEL
WAS
SAMENSTELLING
KRIJT
POTLOOD
CREATIVITEIT
FILM
SCHILDERIJ
STENCIL
PORTRET
AARDEWERK
BEELDHOUWWERK
PEN

35 - Méditation

H	F	M	E	D	E	D	O	G	E	N	M	O	A
M	E	D	E	R	V	J	Z	R	G	D	R	B	D
U	I	L	P	T	N	H	A	M	L	A	K	S	E
Z	T	N	D	S	Z	C	E	O	X	N	F	E	M
I	C	A	S	E	I	T	O	M	E	K	W	R	H
E	E	T	F	E	R	L	D	I	D	B	M	V	A
K	P	U	N	G	K	H	O	G	M	A	Z	A	L
A	S	U	W	Y	W	R	E	K	K	A	W	T	I
X	R	R	T	Y	R	J	G	I	I	R	R	I	N
N	E	T	H	C	A	D	E	G	D	H	V	E	G
U	P	A	A	N	D	A	C	H	T	E	H	G	A
G	L	M	E	N	T	A	A	L	C	I	M	S	T
S	T	I	L	T	E	K	G	N	I	D	U	O	H
A	A	N	V	A	A	R	D	I	N	G	R	H	J

AANVAARDING
AANDACHT
KALM
HELDERHEID
MEDEDOGEN
GEEST
EMOTIES
WAKKER
DANKBAARHEID
MENTAAL
MUZIEK
NATUUR
OBSERVATIE
VREDE
GEDACHTEN
PERSPECTIEF
HOUDING
ADEMHALING
STILTE

36 - Littérature

S	B	Y	M	M	O	E	O	V	M	F	W	S	E
K	T	E	L	G	Z	M	M	E	E	I	T	D	Q
B	N	I	M	O	N	K	S	R	T	C	H	E	K
U	H	O	J	O	N	M	C	T	A	T	E	I	E
V	I	I	U	L	P	A	H	E	F	I	M	S	I
R	E	G	O	A	O	N	R	L	O	E	A	U	D
V	I	I	Q	I	Ë	E	I	L	O	S	P	L	E
A	F	T	A	D	T	K	J	E	R	Y	Z	C	G
U	A	H	M	Y	I	D	V	R	E	L	K	N	A
T	R	C	M	E	S	O	I	F	N	A	M	O	R
E	G	I	Z	J	C	T	N	X	R	N	X	C	T
U	O	D	B	J	H	E	G	F	I	A	U	G	V
R	I	E	I	G	O	L	A	N	A	R	I	J	M
V	B	G	N	I	K	J	I	L	E	G	R	E	V

ANALOGIE
ANALYSE
ANEKDOTE
AUTEUR
BIOGRAFIE
VERGELIJKING
CONCLUSIE
OMSCHRIJVING
DIALOOG
FICTIE
METAFOOR
VERTELLER
GEDICHT
POËTISCH
RIJM
ROMAN
RITME
STIJL
THEMA
TRAGEDIE

37 - Nourriture #1

A	W	O	R	T	E	L	C	E	X	A	K	C	X
F	A	K	N	O	F	L	O	O	K	C	A	I	B
S	U	R	D	Y	Y	U	N	D	Z	W	N	T	C
M	Z	E	D	V	J	M	E	Z	E	E	E	R	S
E	K	E	H	B	S	U	H	O	D	F	E	O	R
S	H	P	R	T	E	C	V	U	N	A	L	E	A
G	E	R	S	T	I	I	S	T	R	Q	P	N	A
U	R	M	E	P	F	L	P	V	T	E	K	M	P
I	B	M	E	T	F	I	I	C	Y	N	U	E	F
W	K	F	L	E	O	S	N	C	V	A	R	L	T
V	X	I	V	W	K	A	A	G	L	M	H	K	E
H	F	X	Z	S	R	B	Z	S	A	L	A	D	E
T	A	E	T	V	A	B	I	S	U	I	K	E	R
T	O	N	I	J	N	P	E	O	S	W	L	C	L

KNOFLOOK
BASILICUM
KOFFIE
KANEEL
WORTEL
CITROEN
SPINAZIE
AARDBEI
SAP
MELK
RAAP
UI
GERST
PEER
SALADE
ZOUT
SOEP
SUIKER
TONIJN
VLEES

38 - Jours et Mois

Z	K	D	N	A	A	M	K	H	A	P	S	U	D
A	V	S	X	L	U	A	S	P	T	X	I	C	O
T	R	T	C	G	G	A	D	N	O	Z	U	T	N
E	Y	S	T	Z	U	R	E	B	O	T	K	O	D
R	J	U	L	I	S	T	E	W	H	I	A	D	E
D	Y	A	K	N	T	M	B	B	E	Y	T	M	R
A	M	P	E	U	U	A	F	J	M	E	S	J	D
G	U	C	D	J	S	A	E	A	D	E	K	U	A
R	O	Q	F	D	M	N	B	N	I	T	V	R	G
D	A	P	R	I	L	D	R	U	N	I	G	O	H
E	U	E	A	D	B	A	U	A	S	U	S	C	N
O	A	C	J	T	W	G	A	R	D	Z	C	X	N
V	R	I	J	D	A	G	R	I	A	F	C	N	D
F	I	V	Q	L	X	Y	I	X	G	J	D	F	C

AUGUSTUS
APRIL
ZONDAG
FEBRUARI
JANUARI
DONDERDAG
JULI
JUNI
MAANDAG
DINSDAG
MAART
MAAND
NOVEMBER
OKTOBER
ZATERDAG
WEEK
VRIJDAG

39 - Entreprise

T	R	A	N	S	A	C	T	I	E	C	I	W	B
I	Y	H	S	N	R	G	L	A	G	S	N	I	E
R	E	V	E	G	K	R	E	W	K	R	V	N	L
O	W	G	G	Y	I	B	K	L	K	B	E	S	A
Q	W	N	E	M	O	K	N	I	D	F	S	T	S
X	Y	I	P	X	X	C	I	H	S	I	T	E	T
P	A	T	U	L	A	V	W	W	K	N	E	C	I
N	R	O	O	T	N	A	K	D	S	A	R	O	N
W	E	R	K	N	E	M	E	R	H	N	I	N	G
Z	S	G	V	E	R	K	O	O	P	C	N	O	E
O	T	E	R	È	I	R	R	A	C	I	G	M	N
L	J	B	K	O	S	T	E	N	B	Ë	X	I	N
B	E	D	R	I	J	F	B	S	R	N	K	E	G
K	R	U	Z	P	E	F	A	B	R	I	E	K	A

GELD
WINKEL
BEGROTING
KANTOOR
CARRIÈRE
KOSTEN
VALUTA
WERKGEVER
WERKNEMER
BEDRIJF
ECONOMIE
FINANCIËN
BELASTINGEN
INVESTERING
WINST
INKOMEN
TRANSACTIE
FABRIEK
VERKOOP

40 - Activités

H	E	N	G	E	L	S	P	O	R	T	O	K	R
O	I	A	C	T	I	V	I	T	E	I	T	E	A
P	G	F	Y	R	S	N	E	Z	E	L	S	R	O
T	A	O	E	G	A	M	E	S	H	C	N	A	N
U	M	T	X	T	S	X	R	G	Z	P	U	M	E
I	T	O	N	F	C	L	X	J	N	W	K	I	T
N	F	G	X	S	H	G	A	C	D	A	M	E	H
I	S	R	N	E	I	A	A	N	Y	R	L	K	C
E	P	A	N	E	L	E	D	N	A	W	A	E	A
R	E	F	M	N	D	P	L	E	Z	I	E	R	B
E	G	I	G	N	E	R	E	P	M	A	K	K	M
N	J	E	K	Z	R	J	A	C	H	T	Y	F	A
D	I	E	H	G	I	D	R	A	A	V	E	F	I
F	N	V	A	D	J	I	T	E	J	I	R	V	B

ACTIVITEIT
KUNST
AMBACHTEN
KAMPEREN
KERAMIEK
JACHT
VAARDIGHEID
NAAIEN
BELANGEN
TUINIEREN
GAMES
LEZEN
VRIJE TIJD
MAGIE
SCHILDERIJ
HENGELSPORT
FOTOGRAFIE
PLEZIER
WANDELEN

41 - Mode

P	N	W	E	E	N	V	O	U	D	I	G	K	H
E	L	E	G	A	N	T	N	A	K	O	K	L	P
A	R	J	V	W	K	N	O	P	S	R	R	E	R
M	F	B	L	J	I	T	S	K	S	U	Q	D	A
T	O	M	M	M	D	N	E	R	T	U	I	I	K
V	E	D	E	O	T	R	K	J	O	T	L	N	T
P	T	T	E	T	G	W	P	E	F	X	Y	G	I
P	U	N	R	R	I	G	K	Z	L	E	K	W	S
M	L	X	H	O	N	N	O	O	R	T	A	P	C
R	M	D	T	B	N	A	G	J	A	E	A	X	H
F	R	I	M	N	E	D	I	E	H	C	S	E	B
O	R	I	G	I	N	E	E	L	N	V	B	K	H
C	O	M	F	O	R	T	A	B	E	L	T	S	G
B	E	T	A	A	L	B	A	A	R	U	U	D	U

BETAALBAAR
WINKEL
KNOP
DUUR
COMFORTABEL
KANT
ELEGANT
AFMETINGEN
MODERN
BESCHEIDEN
PATROON
ORIGINEEL
PRAKTISCH
EENVOUDIG
STIJL
TREND
TEXTUUR
STOF
KLEDING

42 - Fleurs

N	O	R	C	H	I	D	E	E	R	J	E	U	Z
H	A	T	G	A	R	D	E	N	I	A	A	U	O
A	L	R	U	T	B	R	W	Y	P	I	I	J	N
N	I	E	C	L	C	Q	D	U	A	L	N	A	N
L	L	V	L	I	P	J	J	K	P	O	P	S	E
S	E	A	G	Y	S	O	O	R	A	N	I	M	B
D	A	L	B	M	E	O	L	B	V	G	O	I	L
T	L	K	I	J	A	E	P	L	E	A	E	J	O
J	I	C	Q	E	M	M	L	A	R	M	N	N	E
P	A	S	S	I	E	B	L	O	E	M	R	E	M
P	A	A	R	D	E	B	L	O	E	M	O	N	R
L	A	V	E	N	D	E	L	S	T	E	O	X	L
B	O	E	K	E	T	J	T	P	H	X	S	G	A
M	A	D	E	L	I	E	F	J	E	X	V	Y	I

BOEKET
GARDENIA
JASMIJN
NARCIS
LAVENDEL
LILA
LELIE
MAGNOLIA
MADELIEFJE
ORCHIDEE
PASSIEBLOEM
PAPAVER
BLOEMBLAD
PAARDEBLOEM
PIOENROOS
ROOS
ZONNEBLOEM
KLAVER
TULP

43 - Nourriture #2

O	H	P	M	M	F	T	Y	T	B	Q	Z	J	S
G	E	I	P	D	N	V	Q	A	V	Z	W	S	R
N	G	K	O	S	G	M	J	A	U	M	T	C	J
A	Y	S	E	U	U	C	I	M	D	V	W	R	F
M	U	R	W	P	B	B	R	O	C	C	O	L	I
W	L	B	T	O	D	H	E	T	Q	J	Z	E	U
N	E	X	E	Z	G	H	D	A	S	U	E	P	R
J	D	O	O	R	B	A	L	R	I	J	V	P	D
V	N	Y	K	J	G	M	E	W	V	A	I	A	O
W	A	M	O	E	B	I	S	E	Y	L	W	R	O
Q	M	V	A	F	R	R	N	I	Z	E	I	C	W
B	A	N	A	A	N	S	G	E	C	Q	K	A	V
P	A	D	D	E	S	T	O	E	L	K	F	I	P
C	H	O	C	O	L	A	D	E	M	N	S	V	H

AMANDEL
AUBERGINE
BANAAN
TARWE
BROCCOLI
KERS
SELDERIJ
PADDESTOEL
CHOCOLADE
HAM
KIWI
MANGO
EI
BROOD
VIS
APPEL
KIP
DRUIF
RIJST
TOMAAT

44 - Algèbre

L	A	G	N	I	S	S	O	L	P	O	N	G	W
T	Y	H	R	B	V	A	L	S	U	V	E	R	W
O	S	O	M	A	R	G	A	I	D	U	K	O	L
K	Y	D	H	S	F	V	F	K	R	C	K	T	K
K	T	M	M	O	J	I	Z	Y	I	X	E	C	X
Q	P	U	N	E	E	L	E	B	A	I	R	A	V
H	A	A	K	J	E	V	C	K	E	R	T	F	N
J	H	I	D	T	S	I	E	U	N	T	F	X	U
Y	K	M	A	G	D	C	T	E	I	A	A	X	L
N	U	M	M	E	R	B	X	C	L	M	G	W	P
E	X	P	O	N	E	N	T	O	A	H	J	L	U
O	N	E	I	N	D	I	G	S	F	R	E	K	W
P	A	K	A	F	E	L	U	M	R	O	F	I	W
V	E	R	G	E	L	I	J	K	I	N	G	T	D

DIAGRAM
EXPONENT
VERGELIJKING
FACTOR
VALS
FORMULE
FRACTIE
GRAFIEK
ONEINDIG
LINEAIR
MATRIX
NUMMER
HAAKJE
HOEVEELHEID
OPLOSSING
SOM
AFTREKKEN
VARIABELE
NUL

45 - Océan

X	F	S	S	I	C	N	O	O	S	T	O	R	M
K	W	A	L	Q	I	W	C	E	O	B	U	W	G
Z	Z	R	K	X	W	R	T	S	U	Y	A	O	Y
D	O	L	F	I	J	N	O	T	B	O	O	T	Z
T	L	A	A	R	O	K	P	E	P	E	V	A	A
M	O	A	T	R	F	G	U	R	G	A	S	W	O
Z	H	N	F	I	X	O	S	Y	A	Z	V	W	W
C	I	C	I	F	B	L	N	Q	R	V	W	I	F
Q	S	K	Y	J	S	V	O	O	N	F	Z	A	S
E	Q	T	B	S	N	E	P	B	A	R	K	A	L
W	A	L	V	I	S	N	S	U	A	C	T	H	E
H	W	I	J	H	D	A	P	D	L	I	H	C	S
G	E	T	I	J	D	E	N	F	I	K	Z	E	I
W	A	Z	S	K	F	B	P	F	T	E	O	Q	U

AAL
WALVIS
BOOT
KORAAL
KRAB
GARNAAL
DOLFIJN
SPONS
OESTER
GETIJDEN
KWAL
VIS
OCTOPUS
HAAI
RIF
ZOUT
STORM
TONIJN
SCHILDPAD
GOLVEN

46 - Antiquités

S	B	E	E	L	D	H	O	U	W	W	E	R	K
B	C	K	G	L	D	S	W	E	P	Z	T	E	G
F	N	H	D	A	F	T	A	L	G	W	G	Q	E
H	M	E	I	B	O	I	A	E	W	N	N	U	T
D	S	Z	O	L	X	J	R	G	P	R	I	J	S
O	E	B	U	H	D	L	D	A	E	N	R	M	N
V	N	C	D	M	E	E	E	N	E	E	E	E	U
E	E	G	O	D	A	R	R	T	U	D	T	U	K
I	T	N	E	R	D	A	U	I	W	A	S	B	X
L	N	M	D	W	A	G	Q	E	J	R	E	I	G
I	U	M	W	A	O	T	Y	H	N	E	V	L	E
N	M	E	J	Y	Y	O	I	T	L	I	N	A	M
G	K	K	I	P	T	M	N	E	D	S	I	I	F
G	A	L	E	R	I	J	E	P	F	B	E	R	W

KUNST
SIERADEN
DECORATIEF
VEILING
ELEGANT
GALERIJ
ONGEWOON
INVESTERING
MEUBILAIR
SCHILDERIJEN
MUNTEN
PRIJS
BEELDHOUWWERK
EEUW
STIJL
WAARDE
OUD

47 - Boxe

K	L	O	K	S	P	V	F	O	C	U	S	K	I
T	U	T	G	N	K	U	O	K	B	N	Y	I	E
S	E	I	B	E	C	S	N	Y	S	L	S	V	L
I	K	G	T	L	H	O	B	T	R	F	C	A	L
U	R	Z	E	G	G	X	Q	K	E	O	H	A	E
V	A	N	I	N	E	D	W	N	T	N	O	R	B
M	C	K	M	I	S	P	E	K	H	C	P	D	O
P	H	N	R	K	N	T	U	U	C	D	P	I	O
N	T	W	S	S	R	Y	A	T	E	R	E	G	G
H	E	R	S	T	E	L	H	N	V	D	N	H	U
L	I	C	H	A	A	M	X	G	D	R	N	E	S
V	L	Z	T	O	U	W	E	N	D	E	W	I	U
A	G	Y	I	F	P	F	K	E	I	K	R	D	U
M	B	V	E	R	W	O	N	D	I	N	G	E	N

TEGENSTANDER
VERWONDINGEN
KLOK
HOEK
VECHTER
VAARDIGHEID
FOCUS
TOUWEN
LICHAAM
ELLEBOOG
SCHOPPEN
UITGEPUT
KRACHT
KIN
VUIST
PUNTEN
SNEL
HERSTEL

48 - Ballet

P	O	G	G	Y	E	I	T	I	T	E	P	E	R
P	R	N	E	R	E	I	P	S	C	I	Y	X	B
B	K	S	X	B	H	M	U	Z	I	E	K	P	A
V	E	J	I	X	A	C	O	D	T	M	A	R	L
A	S	G	X	E	N	A	O	Q	M	T	R	E	L
A	T	U	F	U	R	O	R	K	Y	I	T	S	E
R	M	N	A	O	G	L	J	S	V	R	I	S	R
D	K	M	S	L	I	O	I	F	Z	J	S	I	I
I	I	T	J	J	P	S	X	J	G	U	T	E	N
G	Y	T	W	I	Q	P	N	T	K	D	I	F	A
H	E	S	C	T	J	V	A	T	I	Z	E	D	J
E	R	O	E	S	R	E	S	N	A	D	K	W	F
I	I	N	T	E	N	S	I	T	E	I	T	N	Q
D	C	O	M	P	O	N	I	S	T	Q	W	C	L

APPLAUS
ARTISTIEK
BALLERINA
VAARDIGHEID
COMPONIST
DANSERS
EXPRESSIEF
GEBAAR
SIERLIJK
INTENSITEIT
SPIEREN
MUZIEK
ORKEST
REPETITIE
RITME
SOLO
STIJL

49 - Fruit

Z	F	X	O	I	W	S	H	X	M	S	I	M	Y
R	B	M	M	A	X	T	X	O	N	S	I	E	A
F	J	B	H	S	O	O	B	M	A	R	F	L	B
N	E	C	T	A	R	I	N	E	J	E	D	O	R
V	Z	K	L	N	M	B	W	V	A	K	R	E	I
P	I	O	D	A	C	O	V	A	P	E	U	N	K
E	E	J	N	N	Y	I	V	U	A	C	I	N	O
K	J	R	G	A	V	W	T	G	P	Y	F	K	O
X	N	B	Z	O	S	I	Q	R	P	E	E	R	S
K	A	W	O	I	L	K	M	V	O	L	B	J	Z
P	R	P	C	G	K	O	L	K	G	E	U	I	I
E	O	B	A	N	A	A	N	Z	N	P	N	N	Z
Z	U	O	D	H	B	E	S	Y	A	P	Z	R	W
X	Y	Q	Y	L	J	B	C	J	M	A	G	C	F

ABRIKOOS
ANANAS
AVOCADO
BES
BANAAN
KERS
CITROEN
VIJG
FRAMBOOS
GUAVE
KIWI
MANGO
MELOEN
NECTARINE
ORANJE
PAPAJA
PERZIK
PEER
APPEL
DRUIF

50 - Musique

Z	M	M	H	T	C	V	B	O	S	V	K	V	W
A	U	U	Z	A	N	K	T	A	P	J	K	A	H
N	Z	Z	K	O	P	E	R	A	L	N	G	C	M
G	I	I	E	P	R	I	M	A	P	L	A	B	N
E	K	K	J	M	I	S	L	U	U	U	A	M	Q
R	A	A	V	E	T	S	H	V	R	O	H	D	E
L	A	N	C	T	M	A	C	O	B	T	C	J	E
X	L	T	M	H	I	L	S	C	L	A	S	N	M
X	O	P	E	E	S	K	I	A	P	B	I	N	T
L	D	B	L	I	C	R	R	A	H	P	T	E	I
G	K	V	O	L	H	W	Y	L	W	S	Ë	G	R
S	B	J	D	U	R	A	L	B	U	M	O	N	H
H	C	S	I	N	O	M	R	A	H	U	P	I	J
K	D	W	E	I	N	O	M	R	A	H	X	Z	A

ALBUM
BALLADE
ZINGEN
ZANGER
KLASSIEK
OPNAME
HARMONIE
HARMONISCH
INSTRUMENT
LYRISCH
MELODIE
MUZIKAAL
MUZIKANT
OPERA
POËTISCH
RITME
RITMISCH
TEMPO
VOCAAL

51 - Météo

M	T	O	R	N	A	D	O	R	R	D	M	P	W
S	O	K	L	I	M	A	A	T	V	O	I	O	M
V	R	E	E	F	S	O	M	T	A	N	S	L	U
P	U	E	S	F	S	D	N	E	A	D	T	A	M
S	U	X	J	S	D	R	O	O	G	E	E	I	W
P	T	O	I	M	O	D	G	S	C	R	F	R	M
P	A	D	E	Z	I	N	O	O	B	R	I	E	S
S	R	K	A	L	M	I	O	U	R	R	V	W	T
T	E	W	T	T	C	W	B	F	J	K	N	Q	B
O	P	G	O	P	X	C	N	E	O	O	A	V	R
R	M	A	U	L	E	M	E	H	B	A	I	A	B
M	E	Y	N	J	K	Q	G	Q	N	J	C	A	N
M	T	V	B	Z	V	Y	E	T	G	O	O	R	D
S	M	P	T	B	H	T	R	O	P	I	S	C	H

REGENBOOG
ATMOSFEER
BRIES
MIST
KALM
HEMEL
KLIMAAT
IJS
MOESSON
WOLK
ORKAAN
POLAIR
DROOG
DROOGTE
TEMPERATUUR
STORM
DONDER
TORNADO
TROPISCH
WIND

52 - Gouvernement

D	B	E	I	T	A	R	C	O	M	E	D	Y	C
I	U	G	Z	E	Z	U	M	K	S	M	I	N	I
S	R	E	E	W	F	S	M	L	L	A	E	A	V
C	G	L	H	X	K	T	R	K	G	I	H	T	I
U	E	I	K	O	E	I	T	A	N	R	J	I	E
S	R	J	T	W	I	G	N	A	N	Y	I	O	L
S	S	K	I	S	T	R	E	R	A	I	R	N	S
I	C	H	L	U	I	W	M	P	A	T	V	A	Y
E	H	E	B	F	L	S	U	S	A	D	S	A	M
W	A	I	J	J	O	X	N	E	Y	T	A	L	B
M	P	D	W	U	P	E	O	O	B	J	A	I	O
R	E	C	H	T	E	N	M	T	W	I	J	K	O
G	E	R	E	C	H	T	E	L	I	J	K	U	L
Z	J	T	H	N	G	R	O	N	D	W	E	T	T

BURGERSCHAP
CIVIEL
GRONDWET
DEMOCRATIE
TOESPRAAK
DISCUSSIE
WIJK
RECHTEN
GELIJKHEID
STAAT

GERECHTELIJK
VRIJHEID
WET
MONUMENT
NATIE
NATIONAAL
RUSTIG
POLITIEK
SYMBOOL

53 - Randonnée

S	A	G	Z	F	M	T	U	H	W	B	V	N	K
Z	T	Z	O	N	O	O	M	O	A	E	O	A	A
D	W	E	W	S	E	P	F	J	T	R	O	T	M
I	S	A	N	E	S	D	I	G	E	G	R	U	P
E	B	P	A	E	E	L	L	L	R	Z	B	U	E
R	H	H	K	R	N	T	K	I	E	Z	E	R	R
E	L	D	Q	T	R	A	A	K	E	G	R	P	E
N	E	Z	R	A	A	L	W	T	W	Z	E	Q	N
E	E	I	T	A	T	N	Ë	I	R	O	I	T	O
K	A	M	A	M	E	B	U	R	L	C	D	V	D
R	S	Y	A	I	P	N	W	S	N	D	I	L	S
A	J	X	H	L	Q	E	E	D	O	R	N	L	O
P	F	B	J	K	P	X	L	B	B	W	G	I	E
X	G	M	W	D	O	V	G	S	H	P	S	Y	T

DIEREN
LAARZEN
KAMPEREN
KAART
KLIMAAT
WATER
KLIF
MOE
GIDSEN
ZWAAR
WEER
BERG
NATUUR
ORIËNTATIE
PARKEN
STENEN
VOORBEREIDING
WILD
ZON
TOP

54 - Art

Z	O	E	V	I	S	U	E	E	L	U	H	F	S
S	B	N	E	D	I	E	B	U	D	I	U	I	A
C	U	Q	D	R	E	X	D	X	A	T	M	G	M
R	P	R	X	E	L	P	M	O	C	D	E	U	E
E	P	G	R	L	R	I	K	Z	R	R	U	U	N
Ë	O	I	K	E	C	W	J	H	R	U	R	R	S
R	Ë	D	M	E	A	B	E	K	A	K	K	U	T
E	Z	U	H	N	F	L	U	R	M	K	W	E	E
N	I	O	O	I	S	S	I	Z	P	I	G	T	L
K	E	V	O	G	J	J	P	S	O	N	A	B	L
P	T	N	D	I	M	M	J	K	M	G	M	H	I
D	R	E	E	R	I	P	S	N	Ï	E	G	I	N
T	T	E	Q	O	S	Y	M	B	O	O	L	U	G
E	B	E	E	L	D	H	O	U	W	W	E	R	K

COMPLEX
SAMENSTELLING
CREËREN
UITDRUKKING
FIGUUR
EERLIJK
HUMEUR
GEÏNSPIREERD
ORIGINEEL
POËZIE
BEELDHOUWWERK
EENVOUDIG
ONDERWERP
SURREALISME
SYMBOOL
VISUEEL

55 - Nutrition

S	L	D	N	O	Z	E	G	N	K	I	C	E	V
U	P	I	T	L	G	K	H	G	W	N	A	V	L
A	V	E	N	I	X	O	T	E	A	G	L	E	O
S	I	H	C	Q	H	P	E	W	L	R	O	N	E
H	T	D	E	E	I	Q	Q	I	I	E	R	W	I
E	A	N	D	W	R	J	U	C	T	D	I	I	S
I	M	O	H	H	L	I	L	H	E	I	E	C	T
W	I	Z	Z	M	V	S	J	T	I	Ë	Ë	H	O
I	N	E	Z	I	V	U	J	E	T	N	N	T	F
T	E	G	B	I	T	T	E	R	N	T	X	I	F
T	E	I	T	A	T	N	E	M	R	E	F	G	E
E	E	E	T	L	U	S	T	N	Y	N	W	H	N
N	F	S	M	A	A	K	D	I	E	E	T	Q	W
E	E	T	B	A	A	R	E	E	T	Q	E	J	V

BITTER
EETLUST
CALORIEËN
EETBAAR
DIEET
SPECERIJEN
EVENWICHTIG
FERMENTATIE
INGREDIËNTEN
VLOEISTOFFEN
GEWICHT
EIWITTEN
KWALITEIT
GEZOND
GEZONDHEID
SAUS
SMAAK
TOXINE
VITAMINE

56 - Créativité

Y	P	S	H	I	B	E	E	L	D	I	E	F	M
S	X	P	D	E	N	U	R	U	V	N	M	T	M
J	J	O	I	I	L	S	B	I	T	D	O	H	Y
R	U	N	E	E	X	D	P	G	N	R	T	D	J
O	I	T	H	D	I	I	E	I	L	U	I	I	K
Z	M	A	T	C	X	D	R	R	R	K	E	E	W
P	O	A	H	Q	S	N	E	S	H	A	S	H	M
O	Q	N	C	W	C	W	T	E	Z	E	T	G	X
I	N	V	E	N	T	I	E	F	Ë	T	I	I	L
V	I	S	I	O	E	N	E	N	E	N	I	D	E
I	N	T	E	N	S	I	T	E	I	T	Z	R	O
O	D	R	A	M	A	T	I	S	C	H	I	A	V
I	I	N	T	U	Ï	T	I	E	A	E	V	A	E
V	E	R	B	E	E	L	D	I	N	G	C	V	G

ECHTHEID
HELDERHEID
VAARDIGHEID
DRAMATISCH
EMOTIES
IDEEËN
BEELD
VERBEELDING
INDRUK
INSPIRATIE
INTENSITEIT
INTUÏTIE
INVENTIEF
GEVOEL
SPONTAAN
VISIOENEN

57 - Science Fiction

M	F	U	T	U	R	I	S	T	I	S	C	H	I
R	E	A	L	I	S	T	I	S	C	H	V	Q	L
L	E	X	T	R	E	E	M	O	O	T	A	D	L
D	E	N	K	B	E	E	L	D	I	G	E	C	U
L	J	E	R	S	G	N	E	L	U	E	C	B	S
E	V	K	X	Z	X	A	K	Y	P	R	Z	I	I
R	I	E	O	N	S	L	A	M	Q	X	T	O	E
E	S	O	G	F	B	P	R	O	F	P	Q	S	I
W	E	B	V	E	I	P	O	T	S	Y	D	C	B
S	C	E	N	A	R	I	O	B	X	D	W	O	R
E	X	P	L	O	S	I	E	V	I	H	N	O	A
D	E	O	B	M	R	O	B	O	T	S	X	P	N
M	Z	F	A	N	T	A	S	T	I	S	C	H	D
T	E	C	H	N	O	L	O	G	I	E	X	I	O

ATOOM
BIOSCOOP
DYSTOPIE
EXPLOSIE
EXTREEM
FANTASTISCH
BRAND
FUTURISTISCH
ILLUSIE
DENKBEELDIG
BOEKEN
WERELD
ORAKEL
PLANEET
REALISTISCH
ROBOTS
SCENARIO
TECHNOLOGIE

58 - Professions #1

M	D	D	K	C	D	D	A	T	B	W	D	Q	J
G	K	G	K	N	F	A	V	C	C	R	E	I	A
J	A	G	E	R	T	N	A	K	I	Z	U	M	M
U	X	L	N	S	I	S	N	L	P	W	X	B	B
I	T	R	E	I	L	E	W	U	J	F	J	U	A
W	R	E	F	A	A	R	G	O	T	R	A	C	S
W	E	T	E	N	S	C	H	A	P	P	E	R	S
E	T	E	T	P	A	D	V	O	C	A	A	T	A
D	K	I	D	R	I	B	A	N	K	I	E	R	D
I	O	G	X	L	A	A	C	Q	U	X	T	U	E
T	D	D	Q	L	O	I	N	E	V	P	T	P	U
O	S	O	N	U	Z	L	N	I	I	P	H	Z	R
R	G	O	O	L	O	E	G	E	S	P	V	I	M
Q	N	L	P	M	O	O	N	O	R	T	S	A	P

AMBASSADEUR
ASTRONOOM
ADVOCAAT
BANKIER
JUWELIER
CARTOGRAAF
JAGER
DANSER
TRAINER
EDITOR
GEOLOOG
DOKTER
MUZIKANT
PIANIST
LOODGIETER
WETENSCHAPPER

59 - Géologie

K	T	M	L	H	J	S	C	N	U	Z	O	K	E
M	R	U	E	R	V	U	L	K	A	A	N	O	K
I	U	I	I	P	A	K	A	L	E	B	E	R	W
N	U	C	S	V	R	V	U	A	T	Y	E	A	A
E	Z	L	S	T	U	O	Z	A	A	V	T	A	R
R	G	A	O	T	A	T	I	G	L	N	S	L	T
A	E	C	F	O	A	L	K	U	P	P	D	Z	S
L	S	U	Y	R	P	L	L	N	H	C	P	J	R
E	M	I	G	G	N	D	A	E	I	S	O	R	E
N	O	A	V	S	C	Y	A	C	N	T	O	C	S
E	L	R	A	V	N	A	R	R	T	P	R	C	I
R	T	J	D	H	Q	L	A	V	A	I	L	W	E
Q	E	N	O	Z	I	R	E	G	M	N	E	V	G
T	N	E	N	I	T	N	O	C	X	S	P	T	P

ZUUR
CALCIUM
GROT
CONTINENT
KORAAL
LAAG
KRISTALLEN
EROSIE
GESMOLTEN
FOSSIEL
GEISER
LAVA
MINERALEN
STEEN
PLATEAU
KWARTS
ZOUT
STALACTIET
VULKAAN
ZONE

60 - Cirque

B	A	L	L	O	N	N	E	N	V	U	F	L	O
K	O	S	T	U	U	M	S	I	O	O	Y	Q	L
S	P	E	C	T	A	C	U	L	A	I	R	D	I
K	B	Y	R	U	E	L	G	N	O	J	E	U	F
T	O	E	S	C	H	O	U	W	E	R	K	T	A
A	A	K	M	C	Z	T	H	O	P	A	A	E	N
A	Z	R	A	U	G	P	L	L	V	A	A	N	T
L	S	E	A	A	Z	Y	K	C	E	L	C	T	D
M	A	G	I	E	R	I	R	R	R	E	R	Q	I
T	D	J	V	D	L	T	E	J	M	H	O	T	E
X	M	I	G	A	E	U	J	K	A	C	B	Z	R
Z	R	T	T	R	E	Q	I	E	K	O	A	D	E
J	A	T	Y	A	U	L	F	U	E	O	A	Z	N
E	P	Y	G	P	W	O	J	L	N	G	T	L	V

ACROBAAT
DIEREN
BALLONNEN
KAARTJE
CLOWN
KOSTUUM
VERMAKEN
OLIFANT
JONGLEUR
LEEUW
GOOCHELAAR
MAGIE
LAAT
MUZIEK
PARADE
AAP
SPECTACULAIR
TOESCHOUWER
TENT
TIJGER

61 - Jardin

T	U	N	G	C	G	B	L	U	Q	V	H	O	M
U	B	A	N	K	K	R	O	O	V	A	P	E	J
I	G	A	R	A	G	E	A	D	F	U	A	Q	V
N	S	B	N	H	H	F	A	S	E	W	M	N	E
V	I	D	I	U	R	K	N	O	C	M	O	O	B
I	H	R	H	E	K	R	J	P	P	T	P	Z	Z
J	F	A	S	C	H	O	P	T	E	R	R	A	S
V	S	A	N	W	I	J	N	S	T	O	K	G	Z
E	Z	G	X	G	N	A	L	S	X	G	N	B	W
R	T	M	I	H	M	S	T	R	U	I	K	L	L
U	K	O	A	G	K	A	E	D	P	B	X	O	A
C	D	O	T	O	S	Z	T	H	U	R	V	E	I
L	U	B	G	B	S	Z	B	H	A	R	K	M	K
L	V	U	D	T	R	A	M	P	O	L	I	N	E

BOOM
BANK
STRUIK
HEK
VIJVER
BLOEM
GARAGE
HANGMAT
GRAS
TUIN
ONKRUID
SCHOP
GAZON
HARK
BODEM
TERRAS
TRAMPOLINE
SLANG
BOOMGAARD
WIJNSTOK

62 - Santé et Bien Être #1

H	O	U	D	I	N	G	P	Y	V	Q	J	B	G
L	K	W	H	G	A	K	M	F	F	O	L	A	E
L	E	X	Z	V	V	B	U	K	D	S	E	C	W
H	B	J	X	K	N	E	R	E	I	P	S	T	O
T	O	B	N	J	B	H	O	E	R	Q	T	E	O
H	R	N	G	R	S	A	R	H	F	B	E	R	N
E	E	J	G	L	H	N	B	T	E	U	L	I	T
R	F	I	V	E	Z	D	B	O	I	N	S	Ë	E
A	L	C	I	T	R	E	A	P	T	T	R	N	E
P	E	I	R	G	E	L	M	A	C	T	N	E	F
I	X	D	U	O	T	I	A	I	A	Y	E	J	P
E	W	E	S	O	K	N	H	U	I	D	V	N	Z
R	J	M	R	H	O	G	K	L	I	N	I	E	K
O	V	R	P	E	D	H	O	R	M	O	N	E	N

ACTIEF
BACTERIËN
LETSEL
KLINIEK
HONGER
BREUK
GEWOONTE
HOOGTE
HORMONEN
DOKTER

MEDICIJN
SPIEREN
BOTTEN
HUID
APOTHEEK
HOUDING
REFLEX
THERAPIE
BEHANDELING
VIRUS

63 - Barbecues

G	A	T	O	M	A	T	E	N	B	K	C	N	H
Y	R	H	T	Z	M	L	A	S	E	M	A	G	E
V	I	O	W	D	O	R	G	A	A	N	X	F	E
K	E	Y	E	U	Q	U	V	U	A	F	A	R	T
P	S	H	C	N	U	L	T	S	H	A	O	U	I
P	E	P	E	R	T	G	B	H	M	M	F	I	S
V	D	J	I	U	B	E	S	N	P	I	K	T	L
M	A	Q	D	I	D	I	N	E	R	L	E	Y	E
V	L	G	W	E	G	J	E	R	E	I	I	S	N
F	A	D	R	N	D	C	S	E	G	E	Z	E	Y
B	S	W	E	I	J	Q	S	D	N	Y	U	S	U
M	E	D	M	A	L	Z	E	N	O	G	M	F	J
L	M	B	O	Q	O	L	M	I	H	T	F	V	W
T	R	C	Z	C	O	W	P	K	H	X	Z	O	O

HEET
MESSEN
LUNCH
DINER
KINDEREN
ZOMER
HONGER
FAMILIE
FRUIT
GRILL
GAMES
GROENTE
MUZIEK
UIEN
PEPER
KIP
SALADES
SAUS
ZOUT
TOMATEN

64 - Animaux de Compagnie

B	T	L	H	E	R	H	Y	T	X	K	M	S	Q
B	D	J	A	W	A	T	E	R	G	A	P	O	Q
B	N	X	M	S	Y	U	L	A	F	T	O	E	V
I	E	B	S	I	U	M	J	A	A	J	T	K	N
P	W	Z	T	W	Z	J	V	T	M	E	E	M	Z
D	U	K	E	H	W	J	I	S	I	A	N	C	B
K	A	P	R	P	L	E	S	D	E	O	V	O	U
I	L	U	P	F	A	K	U	U	O	B	F	A	E
P	K	H	I	Y	M	P	O	M	K	R	A	A	G
H	A	G	E	D	I	S	E	N	G	G	W	Y	F
N	U	S	N	M	N	Q	Z	G	I	U	E	T	U
S	C	H	I	L	D	P	A	D	A	J	E	I	M
D	I	E	R	E	N	A	R	T	S	A	N	I	U
H	O	N	D	A	A	I	P	K	A	T	I	E	G

KAT
KATJE
GEIT
HOND
PUPPY
KRAAG
WATER
KLAUWEN
HAMSTER
KONIJN
HAGEDIS
VOEDSEL
POTEN
PAPEGAAI
VIS
STAART
MUIS
SCHILDPAD
KOE
DIERENARTS

65 - Forêt Tropicale

R	P	K	R	X	T	Z	P	H	A	R	I	R	G
G	E	L	F	B	H	Z	L	C	M	R	N	E	E
M	B	I	J	D	C	Z	O	S	F	D	S	S	M
B	E	M	J	U	U	Z	V	I	I	D	E	T	E
F	T	A	W	O	L	K	E	N	B	I	C	A	E
V	R	A	S	H	V	Z	D	A	I	V	T	U	N
I	O	T	C	E	E	Q	R	T	E	E	E	R	S
L	O	G	M	B	O	J	A	O	Ë	R	N	A	C
R	S	A	E	O	T	U	A	B	N	S	T	T	H
J	B	Y	H	L	S	N	W	W	T	I	S	I	A
W	H	J	X	Y	S	G	E	V	V	T	G	E	P
N	A	T	U	U	R	L	R	L	V	E	V	K	B
W	H	H	J	S	M	E	E	H	N	I	T	W	K
R	X	R	E	S	P	E	C	T	F	T	F	R	C

AMFIBIEËN
BOTANISCH
KLIMAAT
GEMEENSCHAP
DIVERSITEIT
SOORT
INHEEMS
INSECTEN
JUNGLE
MOS
NATUUR
WOLKEN
VOGELS
WAARDEVOL
BEHOUD
TOEVLUCHT
RESPECT
RESTAURATIE

66 - Ferme #1

K	J	B	E	B	W	N	V	E	Q	O	L	K	Q
A	N	V	D	Z	V	E	L	D	K	B	O	A	W
O	I	O	O	H	V	H	D	Y	N	E	F	L	A
L	A	N	D	B	O	U	W	K	F	O	V	F	Y
Y	A	O	R	H	O	N	I	N	G	Y	H	I	N
G	R	Z	A	E	Z	J	J	N	A	P	G	U	Q
N	K	I	A	H	T	I	M	H	E	K	L	N	R
G	H	B	P	T	A	A	M	U	O	Y	Z	V	P
E	E	W	F	B	K	C	W	T	K	H	A	T	K
R	J	I	B	O	Z	R	O	F	E	Z	E	L	Y
F	X	J	T	K	U	D	D	E	R	Z	Q	E	W
S	B	J	Z	U	U	A	G	B	V	M	H	I	L
M	E	S	T	S	J	I	R	Z	X	B	A	A	K
K	I	P	W	H	I	B	B	J	T	X	N	Q	P

BIJ
LANDBOUW
EZEL
BIZON
VELD
KAT
PAARD
GEIT
HOND
HEK
KRAAI
WATER
MEST
HOOI
HONING
KIP
RIJST
KUDDE
KOE
KALF

67 - Café

P	W	C	C	K	F	W	Z	B	J	O	X	A	V
Q	R	U	U	Z	K	A	A	M	S	L	X	Q	L
U	Z	I	B	Y	Y	T	M	E	L	K	J	J	O
H	J	R	J	X	F	E	N	Ï	E	F	A	C	E
X	E	P	K	S	Q	R	P	C	K	B	M	B	I
F	I	L	T	E	R	A	D	M	K	T	O	I	S
F	Z	V	R	I	U	F	L	N	Q	N	R	T	T
O	D	R	E	T	S	O	O	R	E	G	A	T	O
Z	E	R	I	Q	D	X	G	K	Y	T	Y	E	F
W	C	D	A	G	R	U	A	L	G	O	H	R	S
A	U	S	G	N	O	R	P	S	R	O	O	C	E
R	E	K	E	B	K	F	T	Y	O	G	I	L	O
T	L	T	V	M	A	L	E	N	O	Q	J	L	C
S	U	I	K	E	R	Z	R	S	M	M	Z	W	N

ZUUR
BITTER
AROMA
DRANK
CAFEÏNE
ROOM
WATER
FILTER
MELK
VLOEISTOF
OCHTEND
MALEN
ZWART
OORSPRONG
PRIJS
GEROOSTERD
SMAAK
SUIKER
BEKER

68 - Antarctique

O	G	E	O	G	R	A	F	I	E	O	M	C	R
N	E	D	N	A	L	I	E	Z	Y	M	I	O	O
D	C	Q	Y	W	O	L	K	E	N	G	G	N	T
E	D	E	L	Q	T	H	B	I	I	E	R	T	S
R	J	B	E	H	O	U	D	J	B	V	A	I	A
Z	S	R	I	B	F	W	M	S	G	I	T	N	C
O	V	H	N	A	J	O	B	B	Z	N	I	E	H
E	H	O	G	X	P	J	D	Q	F	G	E	N	T
K	Q	Z	G	W	A	T	E	R	H	C	R	T	I
E	R	D	N	E	S	S	I	V	L	A	W	A	G
R	D	D	N	A	L	I	E	R	E	I	H	C	S
M	L	S	R	E	J	S	T	E	L	G	A	C	T
T	E	M	P	E	R	A	T	U	U	R	W	A	N
M	I	N	E	R	A	L	E	N	R	G	P	G	B

BAAI
WALVISSEN
ONDERZOEKER
BEHOUD
CONTINENT
WATER
OMGEVING
GEOGRAFIE
IJS
GLETSJERS
EILANDEN
MIGRATIE
MINERALEN
WOLKEN
VOGELS
SCHIEREILAND
ROTSACHTIG
TEMPERATUUR

69 - Professions #2

L	S	T	R	A	D	N	A	T	Y	T	L	C	I
S	M	G	Z	O	H	H	F	R	O	U	E	U	L
B	Q	G	Z	T	S	M	L	X	W	I	R	U	L
T	S	F	I	L	O	S	O	O	F	N	A	I	U
P	I	L	O	O	T	U	E	T	J	M	A	T	S
L	I	N	G	U	Ï	S	T	F	X	A	R	V	T
S	C	H	I	L	D	E	R	S	O	N	L	I	R
A	S	T	R	O	N	A	U	T	H	R	V	N	A
N	I	C	H	I	R	U	R	G	S	U	P	D	T
M	S	I	K	K	B	I	O	L	O	O	G	E	O
J	O	U	R	N	A	L	I	S	T	A	J	R	R
D	E	T	E	C	T	I	V	E	J	P	R	F	X
O	N	D	E	R	Z	O	E	K	E	R	U	T	H
I	N	G	E	N	I	E	U	R	I	D	M	O	S

ASTRONAUT
BIOLOOG
ONDERZOEKER
CHIRURG
TANDARTS
DETECTIVE
LERAAR
ILLUSTRATOR
INGENIEUR
UITVINDER
TUINMAN
JOURNALIST
LINGUÏST
ARTS
SCHILDER
FILOSOOF
PILOOT
PROFESSOR

70 - Les Abeilles

W	G	P	J	Y	K	K	O	N	I	N	G	I	N
W	S	T	U	I	F	M	E	E	L	R	F	D	C
U	A	D	A	A	F	R	O	K	N	E	J	I	B
B	Y	S	I	C	U	E	Z	R	E	I	V	V	E
A	L	A	B	V	G	W	O	E	M	N	G	L	C
N	K	O	O	R	E	Z	N	A	E	S	H	E	O
J	N	W	E	W	I	R	A	L	O	E	O	U	S
L	E	E	F	S	K	U	S	T	L	C	N	G	Y
S	T	K	R	D	E	Y	T	I	B	T	I	E	S
E	N	I	U	T	U	M	J	L	T	N	N	L	T
H	A	B	I	T	A	T	R	O	I	E	G	S	E
E	L	V	O	E	D	S	E	L	U	P	I	C	E
L	P	I	N	U	R	Z	B	G	R	T	R	T	M
V	O	O	R	D	E	L	I	G	F	C	T	N	F

VLEUGELS
VOORDELIG
WAS
DIVERSITEIT
ZWERM
ECOSYSTEEM
BLOESEM
BLOEMEN
FRUIT
ROOK
HABITAT
INSECT
TUIN
HONING
VOEDSEL
PLANTEN
STUIFMEEL
KONINGIN
BIJENKORF
ZON

71 - Santé et Bien Être #2

H	B	H	H	H	D	E	O	L	B	Y	T	S	Z
R	Z	V	E	I	T	C	E	F	N	I	Y	T	V
M	A	S	S	A	G	E	G	T	S	W	D	R	O
Y	A	I	R	L	Y	N	B	Q	L	U	K	E	E
E	L	U	L	I	T	I	R	D	Q	U	L	S	D
N	L	H	O	C	H	M	R	N	D	I	S	S	I
E	E	N	M	H	C	A	L	O	R	I	E	T	N
R	R	E	P	A	I	T	H	Z	O	Z	K	O	G
G	G	K	X	A	W	I	L	E	I	P	Y	Y	E
I	I	E	R	M	E	V	B	G	R	E	V	D	L
E	E	I	H	Y	G	I	Ë	N	E	S	K	N	V
F	D	Z	A	N	A	T	O	M	I	E	T	T	G
G	E	N	E	T	I	C	A	R	X	W	E	E	E
D	E	H	Y	D	R	A	T	I	E	F	T	H	L

ALLERGIE
ANATOMIE
EETLUST
CALORIE
LICHAAM
DEHYDRATIE
ENERGIE
GENETICA
ZIEKENHUIS
HYGIËNE
INFECTIE
ZIEKTE
MASSAGE
VOEDING
GEWICHT
HERSTEL
GEZOND
BLOED
STRESS
VITAMINE

72 - Conduite

S	Y	V	W	M	M	T	Y	S	N	S	V	S	Q
T	F	E	R	H	O	T	U	A	K	S	R	N	D
N	O	R	E	I	T	N	E	C	I	L	A	E	P
F	T	V	J	V	O	J	Y	H	R	X	C	L	T
J	S	O	X	C	R	A	A	V	E	G	H	H	U
X	D	E	W	D	F	O	N	U	G	E	T	E	N
K	N	R	Y	C	I	S	R	R	N	W	A	I	N
B	A	P	D	T	E	G	A	R	A	G	U	D	E
I	R	A	O	I	T	K	G	G	G	Q	T	Y	L
R	B	B	R	L	S	A	G	P	T	C	O	W	T
W	Q	M	R	T	I	P	Q	H	E	B	F	H	N
R	E	M	M	E	N	T	X	J	O	P	H	X	C
O	N	G	E	L	U	K	I	Q	V	N	M	T	O
J	K	P	M	O	T	O	R	E	E	K	R	E	V

ONGELUK
VRACHTAUTO
BRANDSTOF
KAART
GEVAAR
REMMEN
GARAGE
GAS
LICENTIE
MOTOR
MOTORFIETS
VOETGANGER
POLITIE
WEG
VERKEER
VERVOER
TUNNEL
SNELHEID
AUTO

73 - Plantes

V	C	J	E	U	M	X	X	A	L	U	B	I	P
H	Q	R	T	Z	G	E	G	T	T	Q	L	W	L
Q	B	C	R	K	N	L	S	R	U	S	B	B	A
G	R	O	E	I	E	N	V	T	I	T	F	I	N
M	E	A	D	G	O	X	K	O	N	P	Y	V	T
O	B	F	A	N	C	K	I	P	B	O	O	M	K
S	E	G	L	B	L	O	E	M	H	M	R	J	U
B	S	H	B	O	I	V	L	U	H	I	S	P	N
O	B	L	E	T	R	O	W	O	C	L	K	A	D
O	A	X	G	G	R	A	I	E	L	K	S	Q	E
N	M	B	C	N	R	C	C	A	C	T	U	S	T
K	B	O	V	I	D	A	L	B	M	E	O	L	B
D	O	A	Q	X	C	N	S	O	B	G	U	X	G
P	E	S	T	R	U	I	K	I	I	G	S	G	L

BOOM
BES
BAMBOE
PLANTKUNDE
STRUIK
CACTUS
MEST
GEBLADERTE
BLOEM
FLORA
BOS
GROEIEN
BOON
GRAS
TUIN
KLIMOP
MOS
BLOEMBLAD
WORTEL

74 - Ferme #2

D	I	X	E	Y	B	H	O	E	H	A	B	N	E
V	T	R	D	F	R	F	A	P	G	N	I	A	X
D	I	E	R	E	N	C	G	M	N	C	J	O	H
R	U	D	U	E	I	H	V	A	A	R	E	E	H
A	R	R	U	V	O	E	D	S	E	L	N	G	Y
A	F	E	H	I	Z	B	I	Ï	I	O	K	R	W
G	W	H	C	K	E	W	R	A	T	W	O	O	A
M	L	E	S	M	E	L	K	M	A	L	R	E	S
O	C	I	I	G	E	R	S	T	G	A	F	N	R
O	A	Y	J	D	J	U	D	E	I	M	Z	T	L
B	H	R	J	E	E	C	Q	Z	R	N	Z	E	Q
S	C	H	A	A	P	A	Y	E	R	X	E	X	L
W	E	E	E	N	D	A	X	Z	I	A	S	T	I
T	R	A	C	T	O	R	S	R	K	O	O	M	A

LAM
BOER
DIEREN
HERDER
TARWE
EEND
FRUIT
SCHUUR
IRRIGATIE
MELK
LAMA
GROENTE
MAÏS
SCHAAP
VOEDSEL
GERST
WEIDE
BIJENKORF
TRACTOR
BOOMGAARD

75 - Vacances #2

R	E	S	E	R	V	E	R	I	N	G	E	N	P
V	J	V	A	K	A	N	T	I	E	T	F	I	Q
A	C	F	Z	N	E	R	E	P	M	A	K	N	F
R	B	X	U	M	K	V	B	I	P	X	Q	E	P
W	R	L	E	M	S	A	I	M	T	I	G	V	A
Z	E	E	D	F	I	L	A	C	E	E	O	A	S
M	D	J	I	T	E	J	I	R	V	W	N	H	P
Y	E	Z	S	T	R	A	N	D	T	O	I	T	O
B	E	S	T	E	M	M	I	N	G	S	E	H	O
S	Y	V	E	R	V	O	E	R	J	Q	R	C	R
R	E	S	T	A	U	R	A	N	T	F	T	U	T
B	U	I	T	E	N	L	A	N	D	E	R	L	M
T	E	I	L	A	N	D	H	O	T	E	L	D	W
E	A	X	T	V	I	S	U	M	G	F	V	G	Z

LUCHTHAVEN
KAMPEREN
KAART
BESTEMMING
BUITENLANDER
HOTEL
EILAND
VRIJE TIJD
ZEE
PASPOORT
STRAND
RESTAURANT
RESERVERINGEN
TAXI
TENT
TREIN
VERVOER
VAKANTIE
VISUM
REIS

76 - Temps

H	W	F	P	H	A	B	Z	R	O	O	J	W	N
T	N	O	U	B	A	Y	W	H	E	C	A	S	H
J	A	A	R	L	I	J	K	S	E	H	A	M	Z
T	U	U	N	I	M	K	H	P	U	T	R	O	X
O	K	N	U	T	K	K	C	Q	W	E	E	Y	V
E	M	U	I	N	N	E	C	E	D	N	M	J	W
K	V	G	I	S	T	E	R	E	N	D	B	E	A
O	K	O	C	N	N	W	V	G	A	D	D	I	M
M	U	L	O	A	A	H	P	I	A	N	K	M	P
S	W	Y	O	R	C	M	S	D	M	D	B	U	E
T	D	T	E	K	H	N	B	E	C	P	Z	U	P
U	H	S	Z	G	T	X	U	O	I	M	M	R	J
K	A	L	E	N	D	E	R	P	C	J	F	P	D
A	N	W	H	V	O	O	B	S	X	J	O	D	A

JAAR
JAARLIJKS
NA
VOOR
SPOEDIG
KALENDER
DECENNIUM
TOEKOMST
UUR
GISTEREN
KLOK
DAG
NU
OCHTEND
MIDDAG
MINUUT
MAAND
NACHT
WEEK
EEUW

77 - Maison

P	Q	T	D	K	S	L	E	U	T	E	L	S	B
T	S	N	A	K	M	P	N	X	D	G	Q	B	I
E	U	O	Z	P	M	A	L	L	W	A	M	M	B
N	Q	I	P	B	I	X	V	P	D	R	G	A	L
Q	I	Y	N	P	D	J	F	L	J	A	Z	H	I
R	K	K	A	M	E	R	T	N	I	G	F	L	O
I	C	F	N	E	K	U	E	K	J	K	H	F	T
S	Q	Y	Q	Z	V	E	D	O	U	C	H	E	H
F	P	L	E	E	X	D	J	U	R	Q	N	T	E
H	T	I	O	B	R	A	A	M	F	K	F	Z	E
E	J	Y	E	M	U	U	R	E	D	L	O	Z	K
K	D	V	G	G	H	A	A	R	D	V	L	P	C
M	A	O	F	J	E	P	L	A	F	O	N	D	H
P	K	Y	N	D	L	L	J	V	L	S	G	D	A

BEZEM
BIBLIOTHEEK
KAMER
HAARD
SLEUTELS
HEK
KEUKEN
DOUCHE
RAAM
GARAGE
ZOLDER
TUIN
LAMP
SPIEGEL
MUUR
PLAFOND
DEUR
TAPIJT
DAK

78 - Légumes

U	S	N	K	J	I	R	E	D	L	E	S	N	I
P	P	A	A	R	V	A	A	G	E	M	B	E	R
A	I	C	X	W	D	D	O	Y	R	Y	C	B	I
D	N	M	W	D	X	I	B	L	E	T	R	O	W
D	A	S	E	R	Z	J	I	S	I	P	M	P	X
E	Z	E	R	W	T	S	U	N	W	J	A	X	S
S	I	A	U	B	E	R	G	I	N	E	F	U	A
T	E	I	L	E	S	R	E	T	E	P	U	I	L
O	Q	T	I	K	O	O	L	F	O	N	K	I	A
E	A	R	T	I	S	J	O	K	P	L	O	P	D
L	Q	T	Z	W	S	G	R	C	M	X	A	R	E
U	M	F	A	I	L	O	C	C	O	R	B	J	A
K	O	M	K	O	M	M	E	R	P	K	C	B	S
T	O	M	A	A	T	W	O	N	G	V	X	V	A

KNOFLOOK
ARTISJOK
AUBERGINE
BROCCOLI
WORTEL
SELDERIJ
PADDESTOEL
POMPOEN
KOMKOMMER
SJALOT
SPINAZIE
GEMBER
RAAP
UI
OLIJF
PETERSELIE
ERWT
RADIJS
SALADE
TOMAAT

79 - Plage

L	W	I	X	R	V	P	L	H	I	E	T	E	T
Z	A	R	K	Y	B	J	U	N	J	Z	F	I	R
A	A	G	O	N	Q	R	N	E	W	U	A	L	B
N	O	D	U	Z	E	I	L	B	O	O	T	A	X
D	J	U	H	N	I	J	K	R	A	B	E	N	O
L	I	I	J	Z	E	U	O	K	X	D	C	D	W
F	T	W	L	W	R	V	D	R	N	B	W	B	S
B	O	O	T	E	N	J	A	Z	E	E	X	N	J
G	K	P	N	M	Y	T	T	K	L	K	U	S	T
E	T	T	K	M	O	U	L	P	A	R	A	P	T
P	N	A	A	E	C	O	N	B	D	N	B	P	O
R	G	J	M	N	N	P	A	N	N	O	T	R	O
H	A	N	D	D	O	E	K	M	A	Z	F	I	E
S	C	H	E	L	P	E	N	U	S	Q	T	Q	E

BOOT
BLAUW
SCHELPEN
KUST
KRAB
DOK
EILAND
LAGUNE
ZEE
ZWEMMEN
OCEAAN
PARAPLU
RIF
ZAND
SANDALEN
HANDDOEK
ZON
VAKANTIE
ZEILBOOT

80 - Famille

Y	N	S	B	W	V	D	O	C	H	T	E	R	N
M	O	B	E	T	N	A	T	S	M	O	O	L	I
Y	J	X	Z	G	R	W	D	Y	A	W	U	U	C
J	A	R	P	G	S	U	Z	E	N	R	O	G	H
K	L	E	I	N	Z	O	O	N	R	L	I	L	T
K	O	D	N	I	K	R	B	V	E	L	T	R	F
I	T	E	C	L	Z	V	M	K	A	F	I	B	R
N	V	O	K	E	G	A	O	P	C	D	W	J	L
D	Q	M	H	E	U	F	E	E	N	S	E	A	K
E	Y	T	T	W	E	O	D	G	U	E	J	R	W
R	V	O	O	T	D	P	E	B	R	O	E	R	J
E	Y	O	V	U	O	A	R	S	C	H	P	A	H
N	Y	R	V	O	O	R	O	U	D	E	R	M	B
Z	C	G	W	O	M	S	N	A	O	X	D	D	R

VOOROUDER
JEUGD
KIND
KINDEREN
VROUW
DOCHTER
BROER
GROOTMOEDER
OPA
TWEELING
MAN
MOEDER
NEEF
NICHT
OOM
VADERLIJK
KLEINZOON
VADER
ZUS
TANTE

81 - Oiseaux

O	M	K	S	N	A	G	Z	X	E	N	R	S	N
O	M	C	U	T	T	O	E	K	A	N	W	E	I
P	P	X	E	H	R	E	G	I	E	R	W	T	I
D	U	I	F	Z	Z	U	L	J	J	X	E	N	F
N	C	E	K	E	W	R	I	Y	P	M	R	A	B
E	V	W	E	Q	U	A	A	S	Y	J	A	A	E
E	I	N	O	P	A	A	A	C	V	P	C	K	X
R	A	C	K	Y	P	V	R	N	C	O	X	I	V
T	A	A	E	P	B	E	K	G	B	R	G	L	S
L	G	T	O	V	R	I	B	Z	U	I	E	E	K
S	E	Q	K	M	T	O	M	E	E	U	W	P	L
X	P	H	M	U	U	O	G	N	I	M	A	L	F
H	A	Z	K	S	A	D	E	L	A	A	R	B	A
M	P	I	N	G	U	Ï	N	F	N	T	K	N	Z

ADELAAR
STRUISVOGEL
EEND
OOIEVAAR
DUIF
KRAAI
KOEKOEK
ZWAAN
FLAMINGO
REIGER
PINGUÏN
MUS
MEEUW
EI
GANS
PAUW
PAPEGAAI
PELIKAAN
KIP
TOEKAN

82 - Disciplines Scientifiques

I	P	S	F	J	T	E	I	G	O	L	O	C	E
M	L	O	B	Y	J	A	H	G	J	B	T	T	I
M	A	C	I	R	S	E	A	T	K	H	J	R	G
U	N	I	O	O	N	I	A	L	U	R	L	F	O
N	T	O	L	B	E	G	O	N	K	R	E	W	L
O	K	L	O	O	U	O	A	L	R	U	A	N	O
L	U	O	G	T	R	L	N	E	O	J	N	G	R
O	N	G	I	I	O	O	A	I	E	G	E	D	O
G	D	I	E	C	L	H	T	G	W	A	I	V	E
I	E	E	V	A	O	C	O	O	D	T	M	E	T
E	R	P	S	Z	G	Y	M	L	Y	Y	E	A	E
I	W	Q	V	M	I	S	I	O	H	M	H	N	M
U	P	Y	C	V	E	P	E	E	P	A	C	B	B
A	R	C	H	E	O	L	O	G	I	E	V	Q	F

ANATOMIE
ARCHEOLOGIE
BIOLOGIE
PLANTKUNDE
CHEMIE
ECOLOGIE
GEOLOGIE
IMMUNOLOGIE
TAALKUNDE
METEOROLOGIE
NEUROLOGIE
FYSIOLOGIE
PSYCHOLOGIE
ROBOTICA
SOCIOLOGIE

83 - Univers

Z	O	N	N	E	W	E	N	D	E	H	B	A	A
E	V	E	N	A	A	R	A	W	W	A	R	S	S
D	U	I	S	T	E	R	N	I	S	L	E	T	T
B	J	T	O	M	E	D	L	K	Z	F	E	R	R
S	A	W	E	D	R	K	N	J	O	R	D	O	O
H	Y	A	N	L	E	M	E	H	N	O	T	N	N
C	J	D	N	K	E	N	K	I	N	N	E	O	O
S	Z	D	D	A	F	S	I	M	E	D	G	M	O
I	F	R	S	N	S	W	C	X	E	A	R	I	M
M	F	Y	O	T	O	J	I	O	I	V	A	E	Q
S	A	F	S	E	M	Y	H	A	O	W	A	G	D
O	M	A	E	L	T	U	R	J	L	P	D	Y	M
K	I	V	N	E	A	S	T	E	R	O	Ï	D	E
Y	U	M	O	N	Z	I	C	H	T	B	A	A	R

ASTEROÏDE
ASTRONOOM
ASTRONOMIE
ATMOSFEER
HEMEL
KOSMISCH
EVENAAR
HALFROND
KANTELEN
BREEDTEGRAAD
MAAN
DUISTERNIS
BAAN
ZONNE
ZONNEWENDE
TELESCOOP
ZICHTBAAR

84 - Géographie

V	B	J	A	D	J	U	M	X	C	J	A	A	K
G	R	O	N	D	G	E	B	I	E	D	A	T	S
E	I	S	N	D	N	O	R	F	L	A	H	L	N
I	H	T	N	A	A	I	D	I	R	E	M	A	O
L	K	V	T	A	V	V	L	A	N	D	W	S	O
A	G	W	E	R	E	L	D	L	J	F	W	V	R
N	N	J	C	G	A	K	B	R	V	V	N	C	D
D	K	T	J	E	X	A	R	I	V	I	E	R	E
J	S	M	I	T	T	H	K	F	S	G	T	G	N
E	Q	B	Q	D	O	C	E	A	A	N	S	U	E
E	N	T	N	E	N	I	T	N	O	C	E	W	D
Q	X	T	S	E	T	G	O	O	H	K	W	U	I
W	F	J	G	R	E	B	R	E	G	I	O	N	U
E	N	Z	I	B	N	Z	E	N	E	M	D	U	Z

HOOGTE
ATLAS
KAART
CONTINENT
RIVIER
HALFROND
EILAND
BREEDTEGRAAD
ZEE
MERIDIAAN
WERELD
BERG
NOORDEN
OCEAAN
WESTEN
LAND
REGIO
ZUIDEN
GRONDGEBIED
STAD

85 - Danse

M	X	S	Y	A	V	G	C	V	N	J	R	D	A
T	U	R	J	E	Q	E	M	T	I	R	E	K	C
E	K	Z	B	R	E	N	T	R	A	P	P	L	A
H	V	I	I	P	J	A	M	P	E	R	E	I	D
M	H	U	O	E	T	D	Z	C	X	A	T	C	E
N	G	S	U	L	K	E	L	U	P	H	I	H	M
S	P	R	I	N	G	E	N	L	R	D	T	A	I
A	H	O	U	D	I	N	G	T	E	I	I	A	E
B	E	W	E	G	I	N	G	U	S	A	E	M	I
P	B	Y	M	K	B	E	L	U	S	N	P	L	T
Y	J	L	K	T	U	F	U	R	I	Z	U	X	O
C	Z	Q	I	H	W	F	N	O	E	H	L	K	M
F	Q	O	I	J	E	J	X	B	F	T	C	C	E
K	L	A	S	S	I	E	K	H	A	W	K	T	G

ACADEMIE
KUNST
KLASSIEK
LICHAAM
CULTUUR
EXPRESSIEF
EMOTIE
GENADE
BLIJ
BEWEGING
MUZIEK
PARTNER
HOUDING
REPETITIE
RITME
SPRINGEN

86 - Bâtiments

S	M	P	O	L	L	H	O	G	C	O	A	G	T
L	C	Z	S	T	E	N	T	A	A	F	P	G	H
U	T	H	U	K	T	B	Y	R	B	A	P	K	E
J	I	M	U	K	O	M	C	A	I	W	A	X	A
Z	E	R	L	U	H	U	M	G	N	E	R	O	T
B	T	F	X	U	R	E	O	E	E	L	T	S	E
F	I	A	M	B	A	S	S	A	D	E	E	T	R
A	S	O	K	W	S	U	J	R	F	E	M	A	O
B	R	T	S	C	D	M	X	G	I	T	E	D	P
R	E	W	F	C	K	V	H	M	V	S	N	I	A
I	V	C	L	Z	O	S	J	P	Q	A	T	O	P
E	I	C	G	T	Y	O	B	X	O	K	O	N	D
K	N	V	G	U	K	U	P	S	C	H	O	O	L
S	U	P	E	R	M	A	R	K	T	T	V	J	S

AMBASSADE
APPARTEMENT
CABINE
KASTEEL
BIOSCOOP
SCHOOL
GARAGE
SCHUUR
HOTEL
MUSEUM
STADION
SUPERMARKT
TENT
THEATER
TOREN
UNIVERSITEIT
FABRIEK

87 - Activités et Loisirs

D	B	Z	E	I	C	C	L	Y	M	B	M	F	Z
A	O	O	A	P	G	H	O	N	K	B	A	L	Q
G	K	T	U	I	N	I	E	R	E	N	O	O	E
T	S	W	A	N	D	E	L	E	N	G	K	G	S
E	E	Z	R	A	C	E	N	H	O	B	B	Y	C
L	N	V	W	B	A	S	K	E	T	B	A	L	H
L	A	B	Y	E	L	L	O	V	M	Q	I	K	I
K	U	I	V	F	M	K	D	U	I	K	E	N	L
S	U	R	F	E	N	M	P	M	B	B	G	T	D
I	M	O	V	N	E	R	E	P	M	A	K	V	E
N	V	O	E	T	B	A	L	N	U	S	I	E	R
N	H	E	N	G	E	L	S	P	O	R	T	U	I
E	C	O	N	T	S	P	A	N	N	E	N	H	J
T	S	N	U	K	O	S	F	G	N	M	X	Y	B

KUNST
HONKBAL
BASKETBAL
BOKSEN
KAMPEREN
RACEN
VOETBAL
GOLF
TUINIEREN
ZWEMMEN
HOBBY
SCHILDERIJ
HENGELSPORT
DUIKEN
WANDELEN
ONTSPANNEN
SURFEN
TENNIS
VOLLEYBAL
REIS

88 - Livres

B	L	A	D	Z	I	J	D	E	R	C	V	A	G
R	I	N	V	E	N	T	I	E	F	E	E	U	E
Z	E	I	Z	Ë	O	P	X	S	Z	G	R	T	D
Z	E	L	A	V	O	N	T	U	U	R	H	E	I
L	P	M	E	E	E	Z	U	K	B	E	A	U	C
X	I	C	D	V	K	O	F	G	I	R	A	R	H
P	S	R	E	S	A	N	M	U	X	T	L	Z	T
F	C	X	I	A	F	N	C	O	N	T	E	X	T
E	H	F	R	A	E	F	T	Z	R	F	E	F	M
L	E	Z	E	R	R	E	L	L	E	T	R	E	V
X	B	S	S	K	G	E	U	T	R	N	O	K	J
V	D	D	U	A	L	I	T	E	I	T	M	C	B
H	C	S	I	R	O	T	S	I	H	R	A	S	M
C	O	L	L	E	C	T	I	E	L	T	N	A	Y

AUTEUR
AVONTUUR
COLLECTIE
CONTEXT
DUALITEIT
EPISCH
VERHAAL
HISTORISCH
INVENTIEF

LEZER
LITERAIR
VERTELLER
BLADZIJDE
RELEVANT
GEDICHT
POËZIE
ROMAN
SERIE

89 - Pays #2

O	B	E	N	Ï	A	R	K	E	O	J	H	Y	T
E	A	U	L	A	O	L	S	M	Z	A	A	F	D
G	U	T	G	L	L	R	B	G	Y	P	Ï	V	F
A	C	I	A	M	A	J	K	A	M	A	T	N	Q
N	O	N	A	B	I	L	J	X	N	N	I	C	O
D	C	T	K	J	N	M	I	O	C	I	X	E	M
A	E	A	H	N	E	K	R	A	M	E	N	E	D
S	Y	R	I	Ë	K	K	K	M	B	S	L	C	N
P	A	K	I	S	T	A	N	C	F	O	A	H	A
C	R	Y	I	E	R	L	A	N	D	M	O	I	L
S	O	E	D	A	N	F	R	A	W	A	S	N	S
F	V	E	E	D	I	C	F	M	T	L	J	A	U
I	N	D	O	N	E	S	I	Ë	L	I	U	U	R
X	Q	H	V	G	C	K	H	C	I	Ë	R	R	Y

ALBANI
CHINA
DENEMARKEN
FRANKRIJK
HAÏTI
INDONESIË
IERLAND
JAMAICA
JAPAN
KENIA
LAOS
LIBANON
MEXICO
OEGANDA
PAKISTAN
RUSLAND
SOMALIË
SOEDAN
SYRIË
OEKRAÏNE

90 - Fournitures d'Art

I	P	Z	R	A	B	I	Z	H	X	J	W	N	V
P	D	A	V	V	Y	O	K	L	E	U	R	E	N
O	P	E	P	V	F	A	R	E	M	A	C	R	O
T	A	J	E	I	A	C	Y	S	Q	O	M	O	G
L	S	E	N	Ë	E	L	G	G	T	I	J	F	A
O	T	T	G	M	N	R	C	V	F	E	I	L	O
D	E	E	Z	E	L	S	T	O	E	L	L	R	I
E	L	P	W	M	Q	Y	H	T	C	K	Y	S	N
N	B	R	I	O	B	X	L	E	Y	Q	R	N	K
A	Q	U	A	R	E	L	L	E	N	R	C	X	T
H	O	U	T	S	K	O	O	L	E	F	A	T	B
Z	R	E	X	R	W	A	T	E	R	C	S	Z	Z
C	R	E	A	T	I	V	I	T	E	I	T	A	A
A	R	A	W	T	Q	H	S	V	Q	K	B	Y	R

ACRYL
AQUARELLEN
KLEI
BORSTELS
CAMERA
STOEL
HOUTSKOOL
EZEL
LIJM
KLEUREN
POTLODEN
CREATIVITEIT
WATER
INKT
GOM
OLIE
IDEEËN
PAPIER
PASTEL
TAFEL

91 - Eau

R	L	D	D	A	Y	W	N	N	G	M	J	V	T
E	I	X	A	R	P	W	U	E	E	N	S	O	O
E	L	V	R	H	I	D	O	W	I	E	R	C	A
M	I	H	I	W	G	N	A	D	S	V	E	H	D
T	R	S	N	E	V	W	K	V	E	L	G	T	O
O	L	S	X	W	R	A	E	B	R	O	E	I	U
V	R	O	C	E	A	A	N	J	A	G	N	G	C
O	F	K	M	O	E	S	S	O	N	A	C	H	H
R	N	X	A	V	O	C	H	T	I	G	R	E	E
S	L	B	L	A	A	N	A	K	W	K	D	I	L
T	P	Y	F	V	N	H	S	T	O	O	M	D	C
O	V	E	R	S	T	R	O	M	I	N	G	M	P
U	Y	M	X	K	I	R	R	I	G	A	T	I	E
O	J	M	I	C	C	I	J	S	B	W	H	B	Q

KANAAL
DOUCHE
RIVIER
VORST
GEISER
IJS
VOCHTIG
VOCHTIGHEID
OVERSTROMING
IRRIGATIE
MEER
MOESSON
SNEEUW
OCEAAN
ORKAAN
REGEN
DRINKBAAR
GOLVEN
STOOM

92 - Jazz

F	T	U	G	C	A	T	Y	P	U	U	A	E	O
A	R	E	N	O	R	E	D	G	J	O	I	F	O
V	C	O	I	M	T	C	F	L	B	X	M	W	R
O	H	D	L	P	I	H	U	N	O	J	P	E	K
R	F	D	L	O	E	N	E	U	W	L	R	Y	E
I	V	U	E	N	S	I	P	R	K	Z	O	O	S
E	R	O	T	I	T	E	Q	T	A	B	V	S	T
T	I	H	S	S	L	K	T	T	I	Y	I	S	Z
E	T	I	N	T	R	E	C	N	O	C	S	T	E
N	M	W	E	M	U	Z	I	E	K	A	A	I	N
Q	E	S	M	U	R	D	M	L	R	I	T	J	I
Q	B	J	A	B	Q	M	K	A	A	N	I	L	E
F	V	H	S	L	W	U	L	T	P	B	E	F	U
J	V	L	R	A	B	E	R	O	E	M	D	G	W

ALBUM
ARTIEST
BEROEMD
LIED
COMPONIST
SAMENSTELLING
CONCERT
FAVORIETEN
GENRE
IMPROVISATIE
MUZIEK
NIEUW
ORKEST
RITME
SOLO
STIJL
TALENT
DRUMS
TECHNIEK
OUD

93 - Paysages

P	Z	M	E	E	R	G	R	O	T	W	W	V	W
H	B	E	S	A	O	N	I	I	M	O	I	U	M
S	A	O	E	H	E	U	V	E	L	E	M	L	L
M	C	S	T	R	A	N	D	L	G	S	H	K	Z
U	R	H	F	A	M	H	A	L	O	T	S	A	Z
I	E	U	I	R	P	X	A	A	X	I	A	A	Y
R	J	O	V	E	O	E	A	V	B	J	R	N	X
A	S	S	F	S	R	H	A	R	D	N	E	O	T
U	T	T	B	I	L	E	M	P	O	T	O	R	K
T	E	V	P	E	W	B	I	G	S	K	M	I	F
S	L	O	P	G	R	T	Y	L	J	I	H	V	T
E	G	R	E	B	R	G	K	G	A	F	Q	I	C
W	A	T	E	R	V	A	L	G	V	N	D	E	C
P	X	E	I	L	A	N	D	L	E	U	D	R	Q

WATERVAL
HEUVEL
WOESTIJN
ESTUARIUM
RIVIER
GEISER
GLETSJER
GROT
IJSBERG
EILAND
MEER
MOERAS
ZEE
BERG
OASE
SCHIEREILAND
STRAND
TOENDRA
VALLEI
VULKAAN

94 - Pays #1

X	A	M	W	J	D	J	K	I	R	D	B	W	S
S	J	F	L	G	B	K	A	S	O	U	R	F	D
Q	C	V	G	O	Q	I	Y	R	E	I	A	I	H
R	Y	Y	M	H	U	V	Ë	A	M	T	Z	N	A
O	K	K	O	R	A	M	I	Ë	E	S	I	L	R
D	I	N	T	C	V	N	B	L	N	L	L	A	S
A	N	O	F	H	A	M	I	E	I	A	I	N	P
U	D	O	P	L	E	N	L	S	Ë	N	Ë	D	A
C	I	R	A	P	N	S	A	K	T	D	E	H	N
E	A	W	N	O	Y	I	N	D	B	A	Z	Q	J
R	R	E	A	L	R	L	Q	I	A	F	N	P	E
G	Z	G	M	E	N	I	C	A	R	A	G	U	A
X	C	E	A	N	E	N	J	I	P	I	L	I	F
N	S	N	N	D	B	G	W	W	M	A	L	I	M

AFGHANISTAN
DUITSLAND
BRAZILIË
CANADA
SPANJE
ECUADOR
FINLAND
INDIA
ISRAËL
LIBIË
MALI
MAROKKO
NICARAGUA
NOORWEGEN
PANAMA
FILIPIJNEN
POLEN
ROEMENIË

95 - Nombres

E	X	A	F	D	M	L	H	N	V	T	I	E	N
R	H	Y	A	C	P	E	P	K	E	E	W	T	P
X	Q	M	N	N	E	I	T	R	E	D	U	Y	E
R	Q	K	L	S	R	D	V	Z	R	D	E	E	X
Z	E	G	J	N	E	V	E	Z	T	J	R	D	C
E	V	I	J	F	E	N	U	L	I	D	D	I	N
V	O	T	M	T	F	G	E	B	E	J	U	J	E
E	S	N	H	O	Y	L	E	D	N	P	N	X	I
N	E	I	T	T	H	C	A	N	V	I	E	R	T
T	Z	W	H	M	Y	L	K	A	J	J	I	I	N
I	N	T	C	Z	V	I	A	R	W	A	T	D	E
E	V	B	A	K	Z	E	K	Y	K	T	S	W	G
N	E	I	T	F	J	I	V	J	F	F	E	G	E
A	D	Q	D	E	C	I	M	A	A	L	Z	O	N

VIJF
TWEE
DECIMAAL
TIEN
ACHTTIEN
NEGENTIEN
ZEVENTIEN
TWAALF
ACHT
NEGEN

VEERTIEN
VIER
VIJFTIEN
ZESTIEN
ZEVEN
ZES
DERTIEN
DRIE
TWINTIG
NUL

96 - Psychologie

I	Z	L	D	N	Y	C	M	Q	E	X	L	B	E
X	U	N	Ë	E	E	D	I	H	A	G	G	E	R
R	S	E	I	T	P	E	C	R	E	P	O	O	V
S	M	M	T	H	C	S	I	N	I	L	K	O	A
K	D	V	D	C	P	S	H	K	T	E	E	R	R
C	E	G	G	A	R	D	E	G	I	O	M	D	I
P	O	S	J	D	F	E	G	V	E	V	O	E	N
R	L	N	N	E	A	S	J	B	T	E	T	L	G
O	V	E	F	G	E	W	P	Q	I	G	I	I	E
B	N	M	F	L	D	I	A	R	L	N	E	N	N
L	I	O	C	T	I	K	E	I	A	N	S	G	Y
E	R	R	X	Z	U	C	I	V	E	A	R	S	C
E	R	D	G	U	E	J	T	N	R	Z	K	U	T
M	M	O	N	D	E	R	B	E	W	U	S	T	L

KLINISCH
GEDRAG
CONFLICT
EGO
JEUGD
ERVARINGEN
EMOTIES
BEOORDELING
IDEEËN
INVLOED
GEDACHTEN
PERCEPTIE
PROBLEEM
AFSPRAAK
REALITEIT
DROMEN
GEVOEL
ONDERBEWUST

97 - Nature

H	N	S	N	L	V	C	M	B	N	U	G	S	S
J	E	M	E	K	C	U	Z	O	Y	K	E	C	V
M	R	I	K	R	G	Z	S	S	D	J	B	H	C
Q	E	Z	L	R	E	W	E	U	Y	U	L	U	C
D	I	F	O	I	S	E	J	N	N	G	A	I	H
U	D	A	W	A	G	P	N	M	A	L	D	L	W
R	I	V	I	E	R	D	O	G	M	E	E	P	O
R	U	S	T	I	G	S	O	H	I	T	R	L	E
Z	D	H	D	S	Y	I	D	M	S	S	T	A	S
D	R	W	G	O	V	V	M	Y	C	J	E	A	T
O	D	Z	C	R	E	U	K	I	H	E	W	T	I
I	C	H	W	E	B	K	S	D	S	R	I	S	J
B	I	J	E	N	K	I	B	B	N	T	L	D	N
T	R	O	P	I	S	C	H	E	U	V	D	F	Y

BIJEN
SCHUILPLAATS
DIEREN
MIST
WOESTIJN
DYNAMISCH
EROSIE
GEBLADERTE
RIVIER
BOS
GLETSJER
WOLKEN
RUSTIG
HEILIGDOM
WILD
SEREEN
TROPISCH

98 - Chimie

V	E	W	N	D	O	E	Z	F	C	V	M	K	K
W	L	R	O	U	Q	B	U	M	Y	V	Z	X	A
A	L	O	I	Z	C	E	U	K	M	E	R	M	T
T	L	O	E	V	P	L	R	Z	T	N	D	U	A
E	M	L	T	I	M	Z	E	H	H	Z	M	J	L
R	T	H	M	M	S	L	M	A	C	Y	O	E	Y
S	J	C	R	G	E	T	G	M	I	M	L	G	S
T	G	A	A	V	Z	T	O	A	W	R	E	A	A
O	D	B	W	N	C	W	A	F	E	P	C	S	T
F	K	Y	A	T	O	O	M	L	G	R	U	E	O
K	O	O	L	S	T	O	F	A	E	C	U	D	R
Z	U	U	R	S	T	O	F	E	O	N	L	S	X
Z	O	U	T	E	L	E	K	T	R	O	N	O	S
A	L	K	A	L	I	S	C	H	J	I	T	E	O

ZUUR
ALKALISCH
ATOOM
KOOLSTOF
KATALYSATOR
WARMTE
CHLOOR
ENZYM
ELEKTRON
GAS
WATERSTOF
ION
VLOEISTOF
METALEN
MOLECUUL
NUCLEAIR
ZUURSTOF
GEWICHT
ZOUT

99 - Bateaux

O	S	P	W	B	R	C	U	F	T	O	L	V	I
C	H	L	H	M	O	T	O	R	I	M	E	E	R
E	P	G	X	Q	A	H	C	X	J	J	X	E	W
A	T	N	Y	R	V	C	G	O	M	K	G	P	Z
A	X	O	C	E	Q	A	A	K	A	J	A	K	M
N	O	W	G	K	P	J	P	H	T	R	F	X	A
B	E	M	A	N	N	I	N	G	R	B	T	I	S
V	P	R	J	A	Y	H	W	U	O	T	O	R	T
N	A	U	T	I	S	C	H	D	O	A	O	E	H
Z	E	I	L	B	O	O	T	J	S	E	B	I	I
P	D	V	E	B	C	S	D	I	O	F	R	V	K
L	X	P	L	M	H	G	H	H	R	M	E	I	H
K	A	N	O	O	J	Q	M	M	H	U	E	R	Z
B	L	S	E	J	G	R	E	R	Y	M	V	Y	Z

ANKER
BOEI
KANO
TOUW
BEMANNING
VEERBOOT
RIVIER
KAJAK
MEER
TIJ

MATROOS
MAST
ZEE
MOTOR
NAUTISCH
OCEAAN
VLOT
GOLVEN
ZEILBOOT
JACHT

100 - Mesures

K	H	O	O	G	T	E	G	E	W	I	C	H	T
L	I	A	K	J	E	R	U	T	F	I	T	U	L
I	V	L	G	R	A	A	D	P	V	A	O	C	H
T	O	Y	O	M	K	W	Q	Q	W	S	N	O	V
E	L	S	L	G	K	I	L	O	M	E	T	E	R
R	U	Z	Z	W	R	Y	Y	M	I	N	U	U	T
B	M	N	M	C	D	A	F	P	N	F	D	D	Y
S	E	S	B	X	E	B	M	T	C	H	L	E	J
U	D	O	N	A	T	C	Y	H	L	L	E	C	U
I	N	C	H	F	D	E	C	T	K	M	N	I	M
D	I	E	P	T	E	G	F	V	E	E	G	M	A
Y	Y	X	D	O	E	G	R	Z	B	T	T	A	S
K	T	N	V	U	R	G	S	A	J	E	E	A	S
R	X	E	N	J	B	Q	K	A	M	R	C	L	A

GRAAD
DECIMAAL
GRAM
HOOGTE
KILOGRAM
KILOMETER
BREEDTE
LITER
LENGTE
MASSA
METER
MINUUT
BYTE
ONS
GEWICHT
INCH
DIEPTE
TON
VOLUME

1 - Adjectifs #2

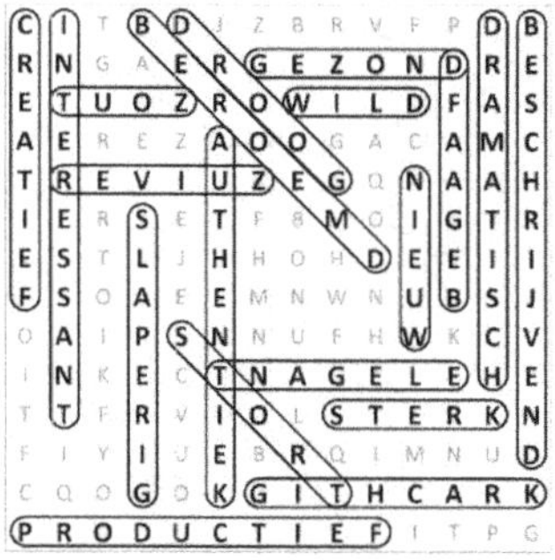

2 - Formes

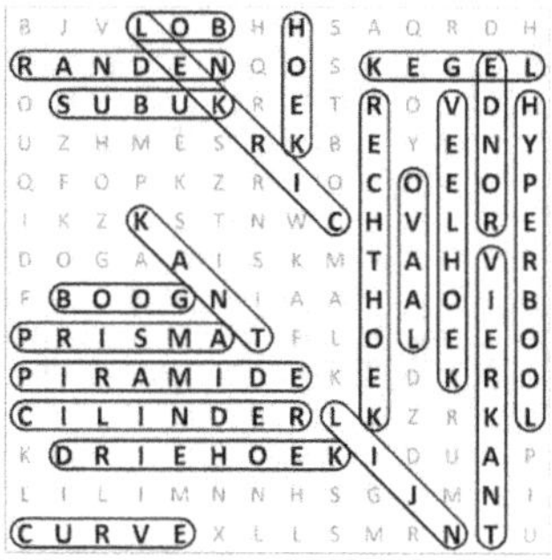

3 - Force et Gravité

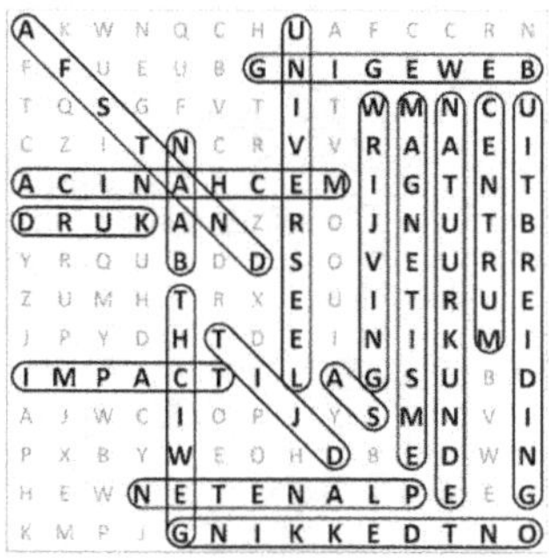

4 - Adjectifs #1

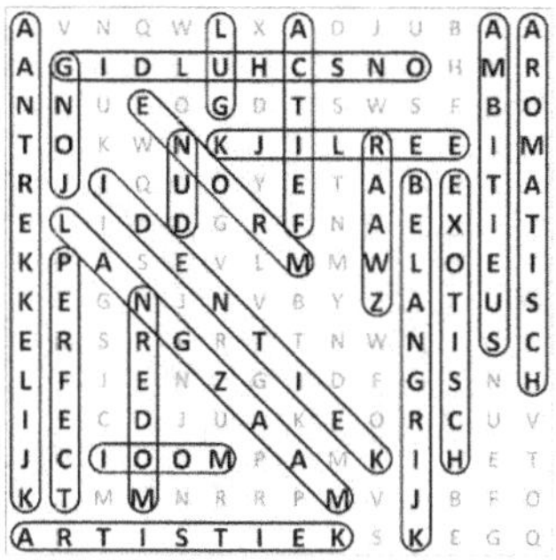

5 - Instruments de Musique

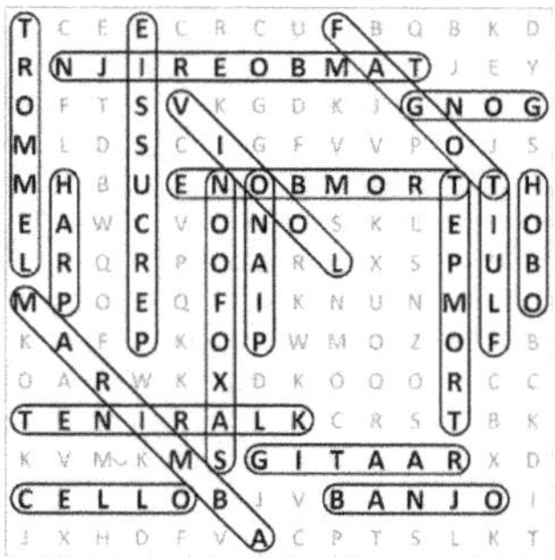

6 - Échecs

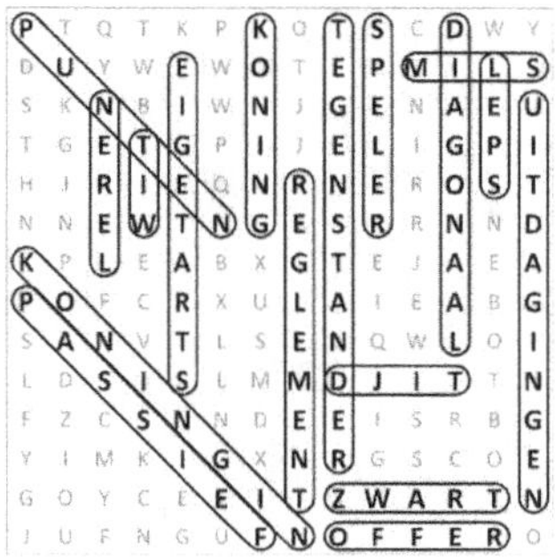

7 - Herboristerie

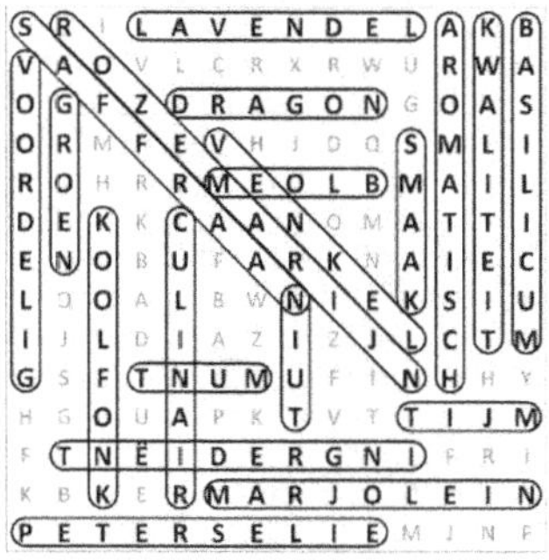

8 - Véhicules

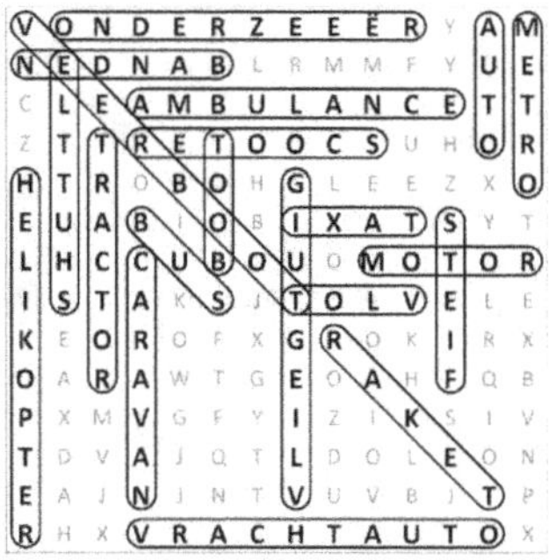

9 - Camping

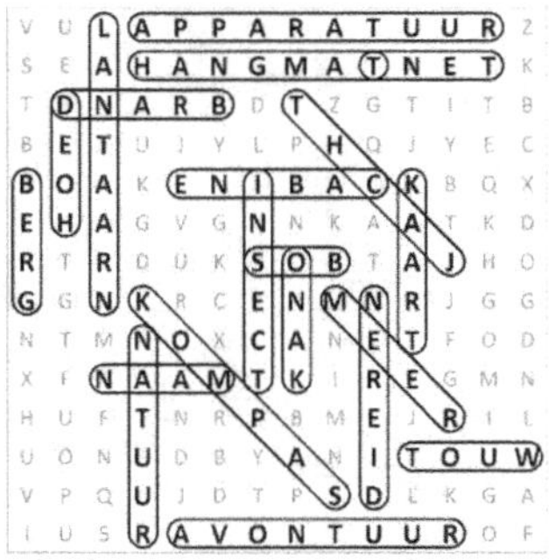

10 - Écologie

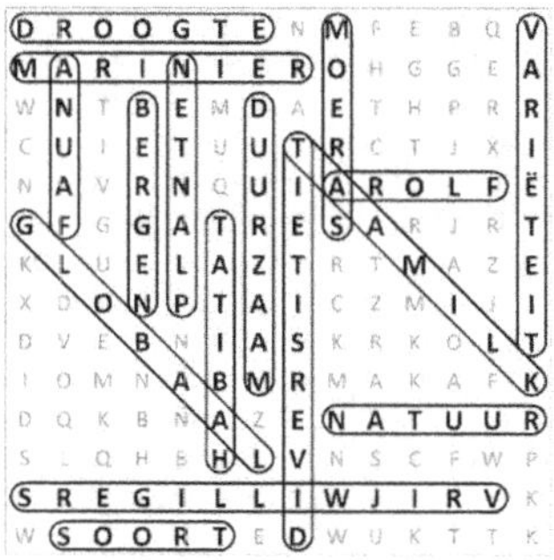

11 - Géométrie

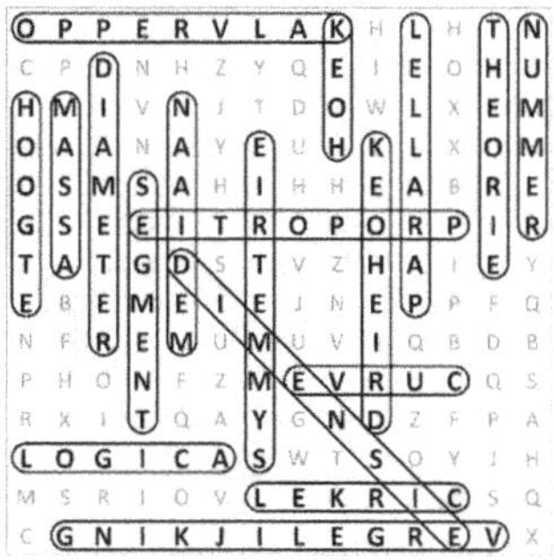

12 - Les Médias

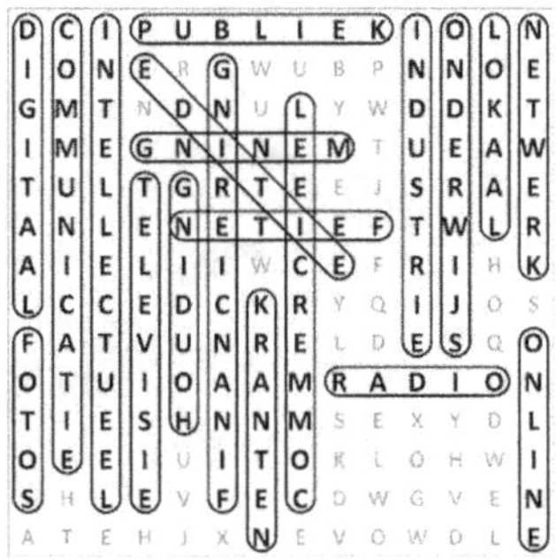

13 - Diplomatie

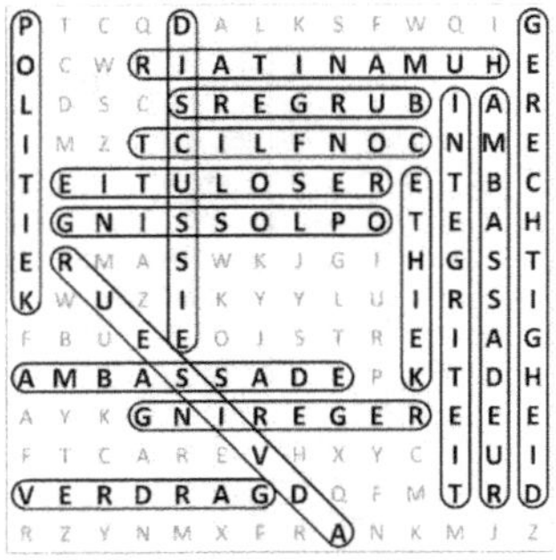

14 - Astronomie

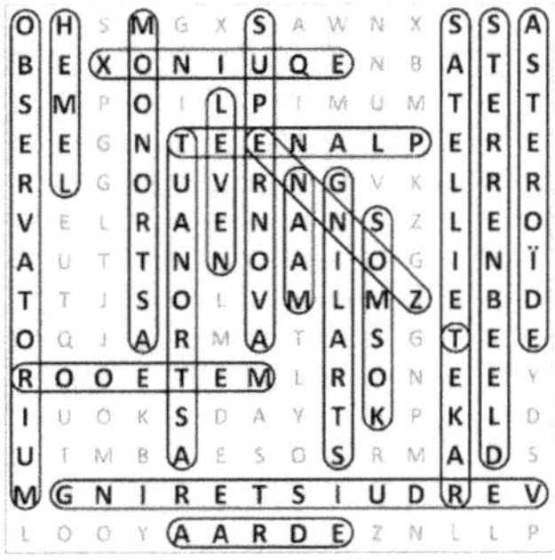

15 - Physique

16 - Types de Cheveux

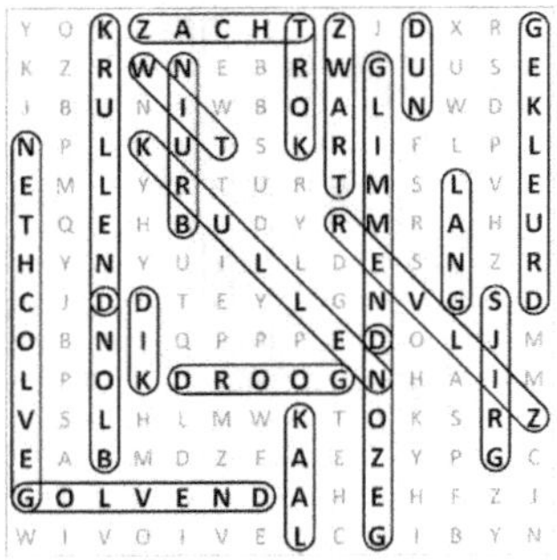

17 - Archéologie

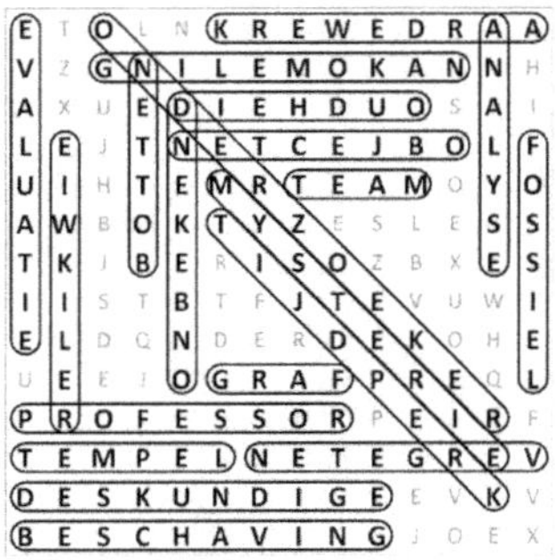

18 - Mammifères

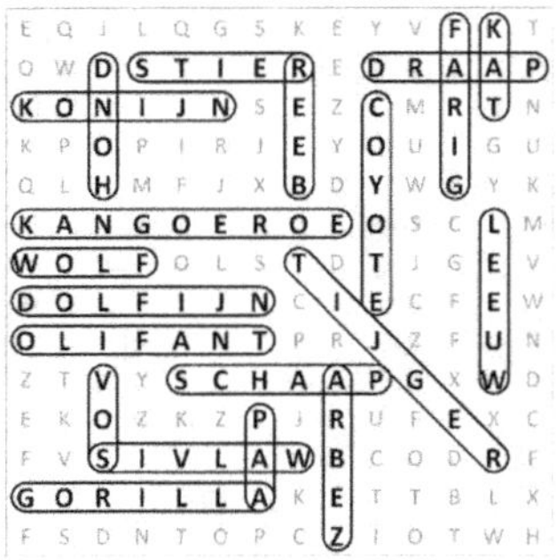

19 - Chocolat

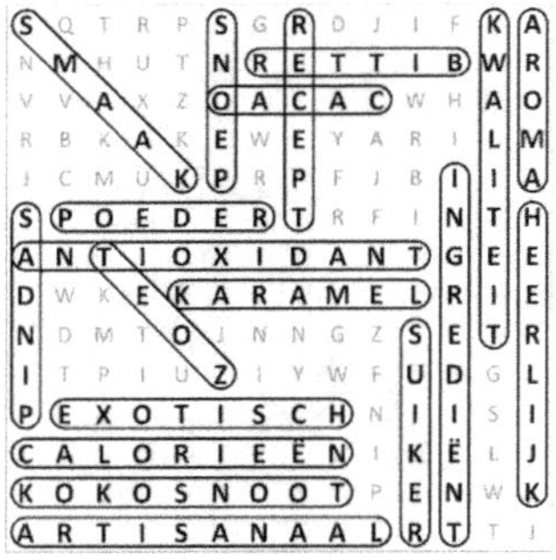

20 - Mathématiques

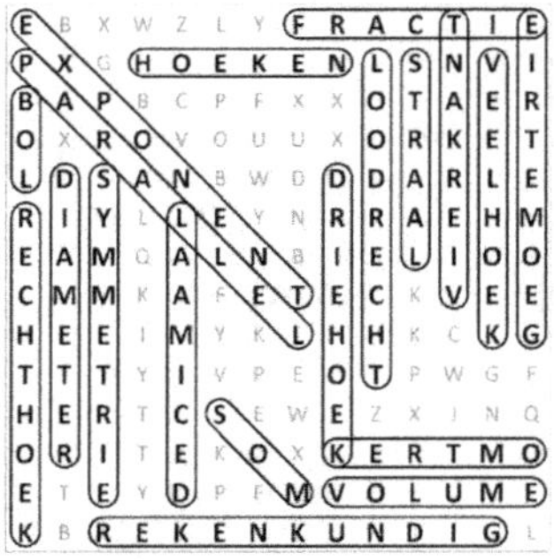

21 - Mythologie

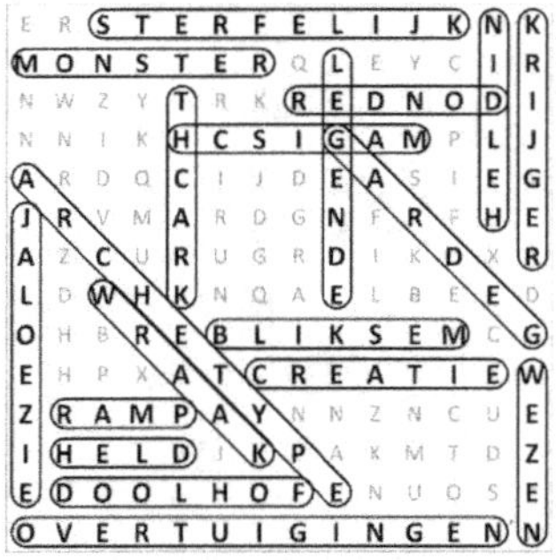

22 - Restaurant #2

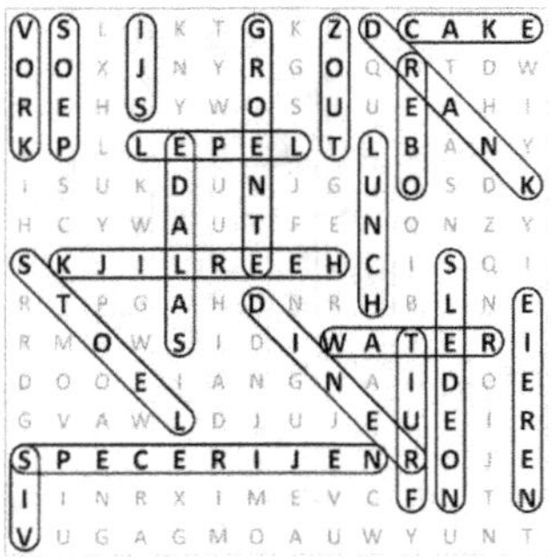

23 - Beauté

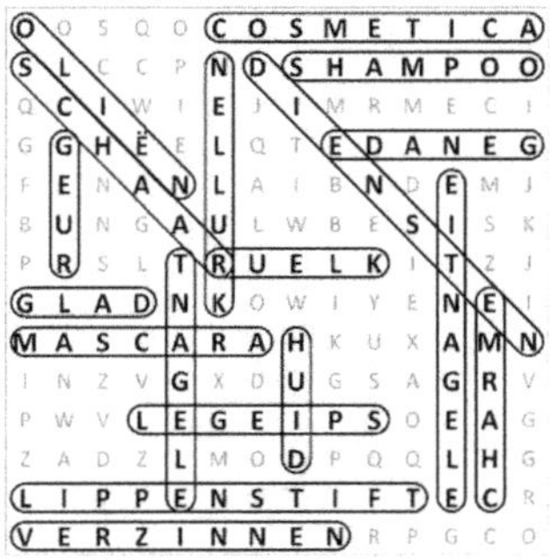

24 - Avions

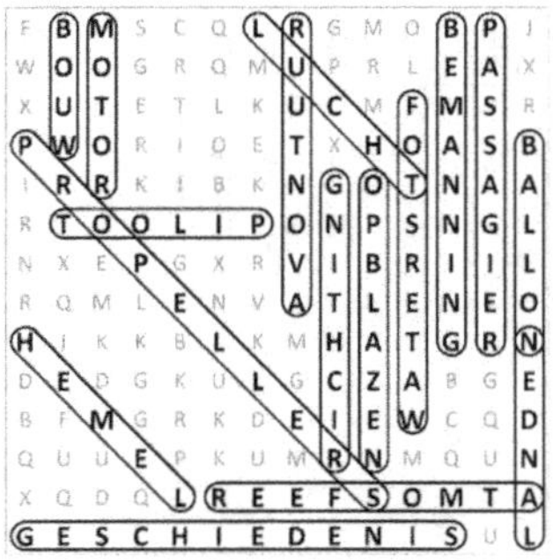

25 - Aventure

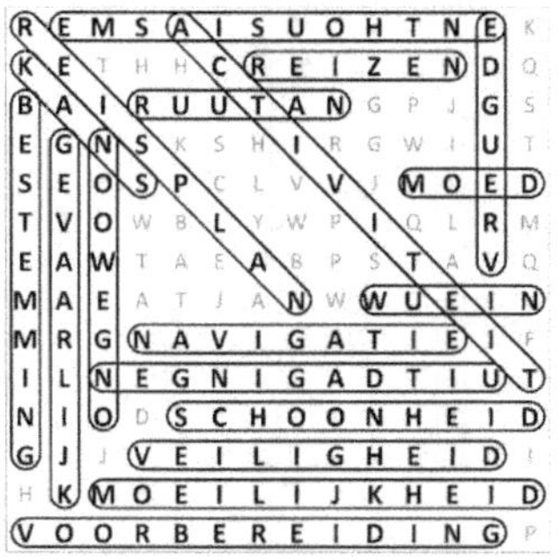

26 - Ville

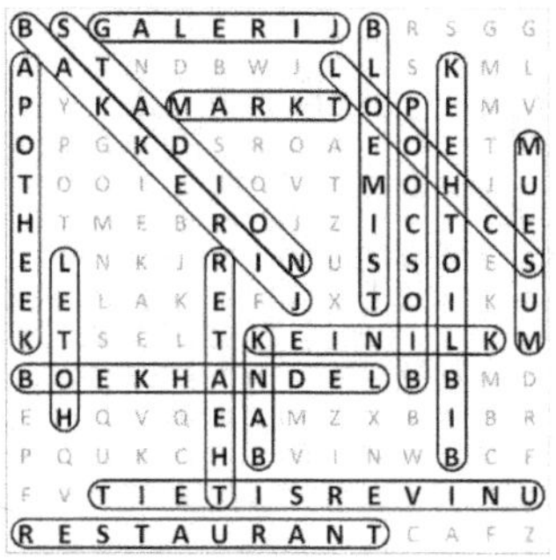

27 - Ingénierie

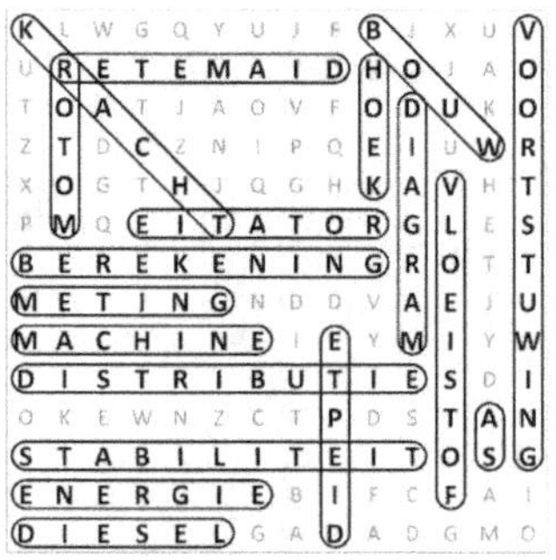

28 - Énergie

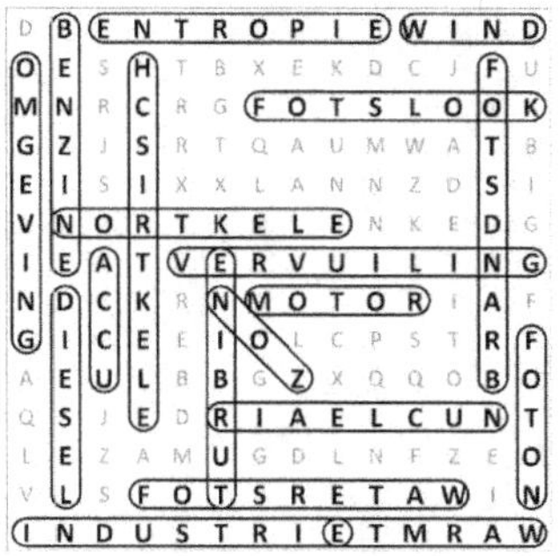

29 - Cuisine

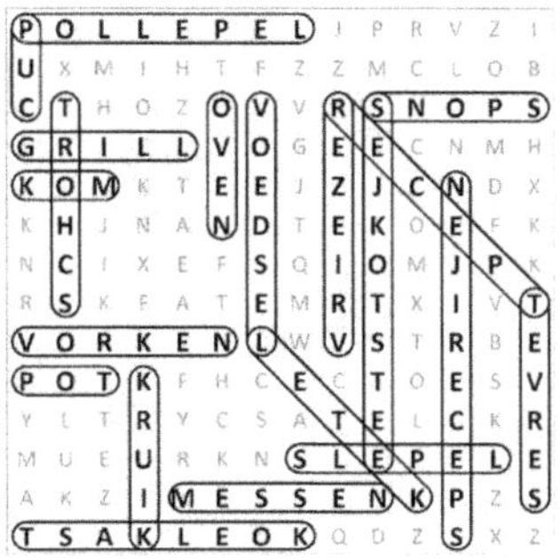

30 - Corps Humain

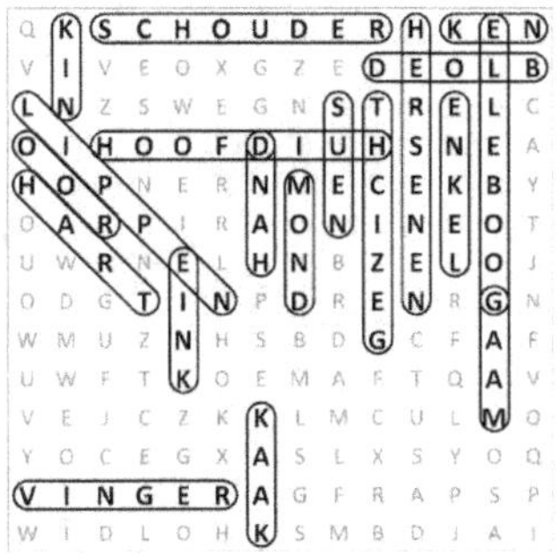

31 - Épices

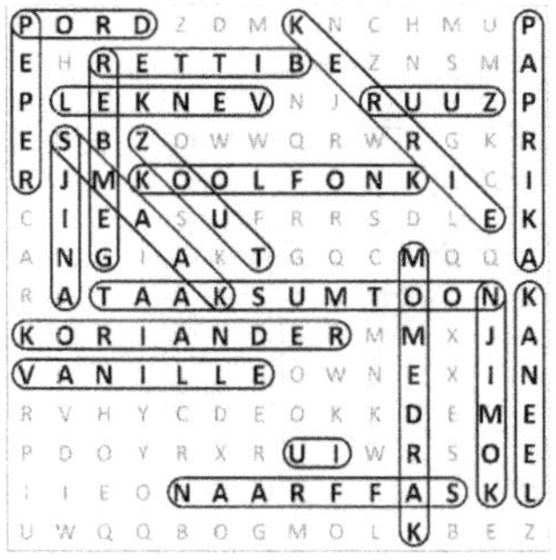

32 - Science

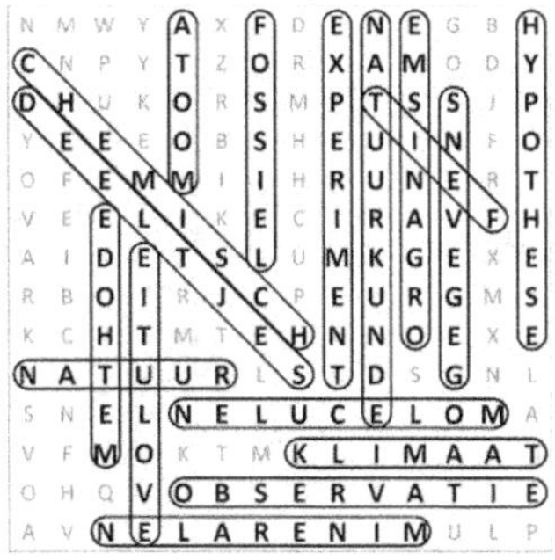

33 - Vêtements

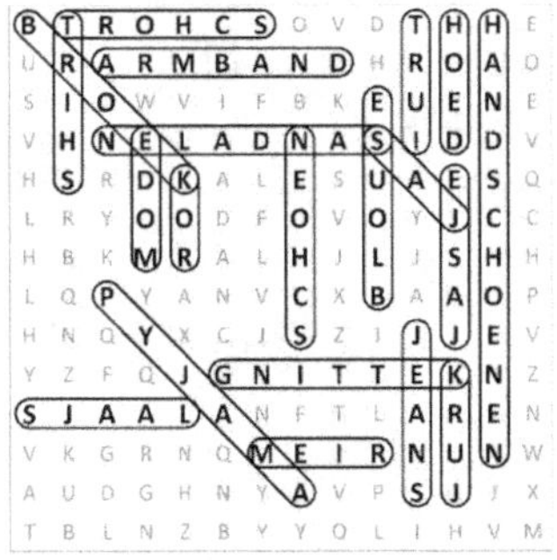

34 - Arts Visuels

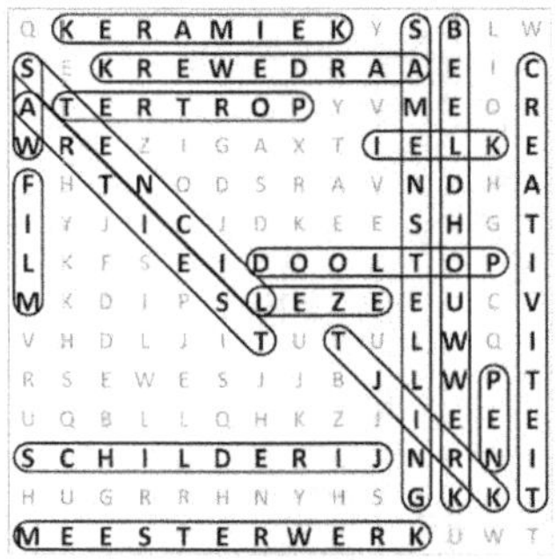

35 - Méditation

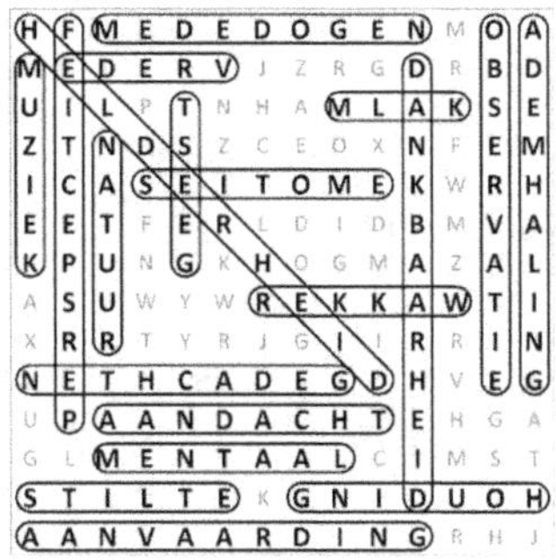

36 - Littérature

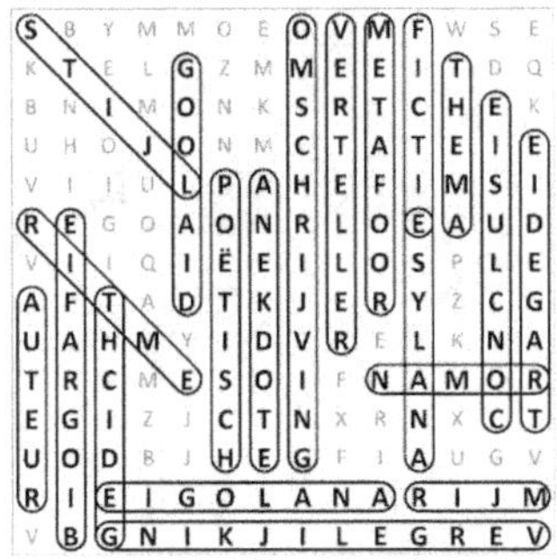

37 - Nourriture #1

38 - Jours et Mois

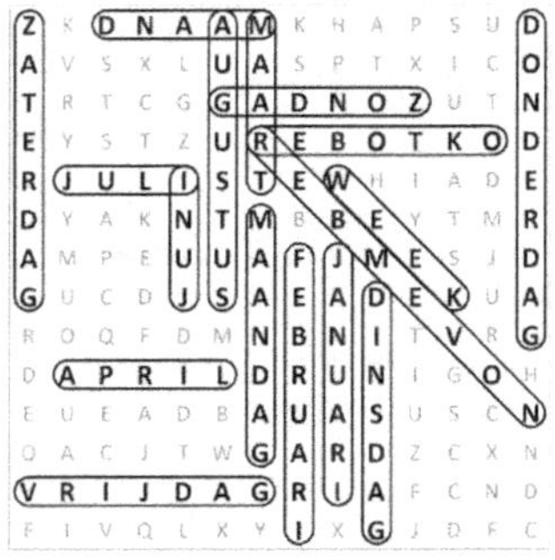

39 - Entreprise

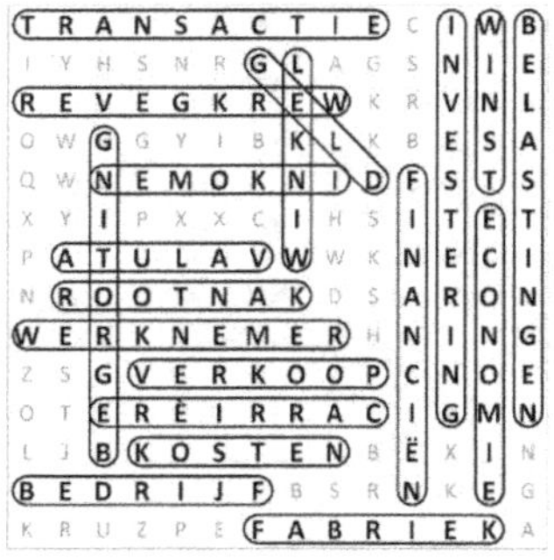

40 - Activités

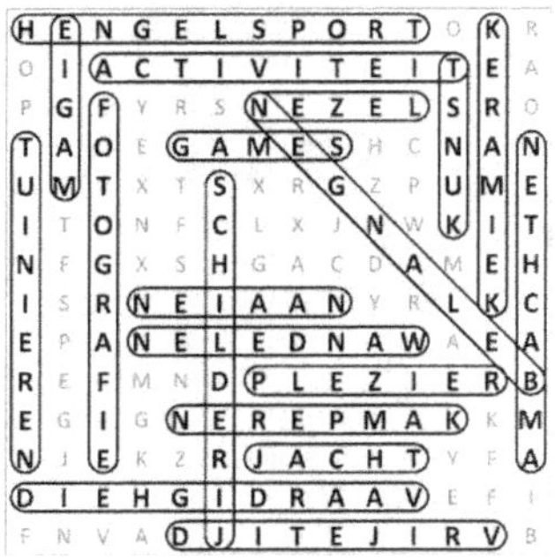

41 - Mode

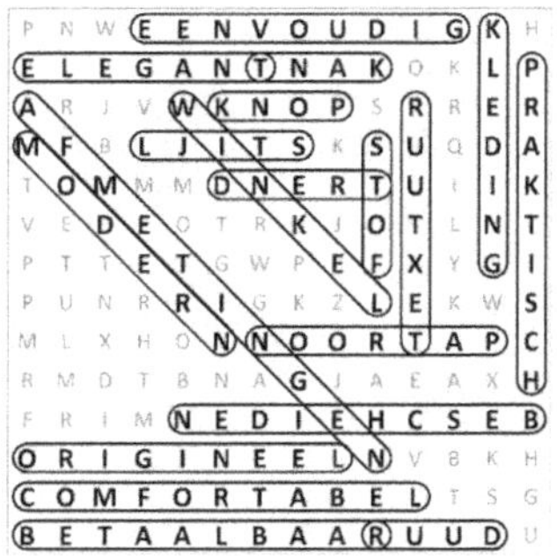

42 - Fleurs

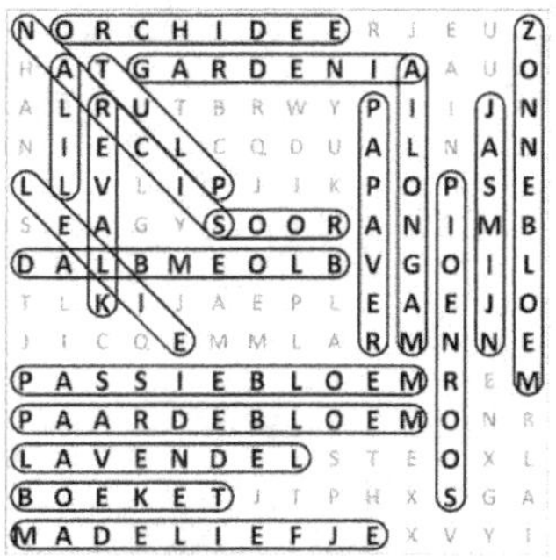

43 - Nourriture #2

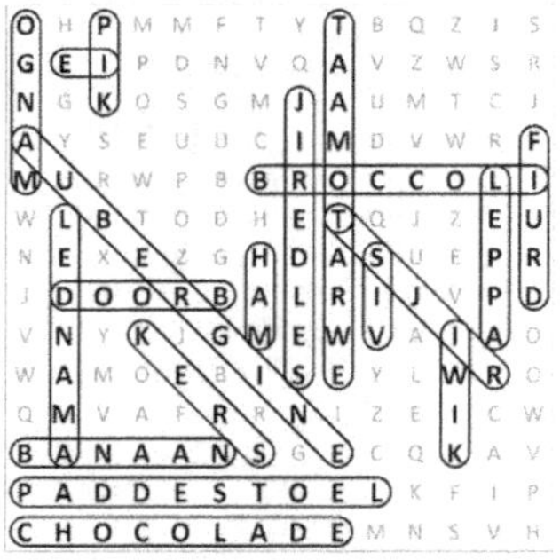

44 - Algèbre

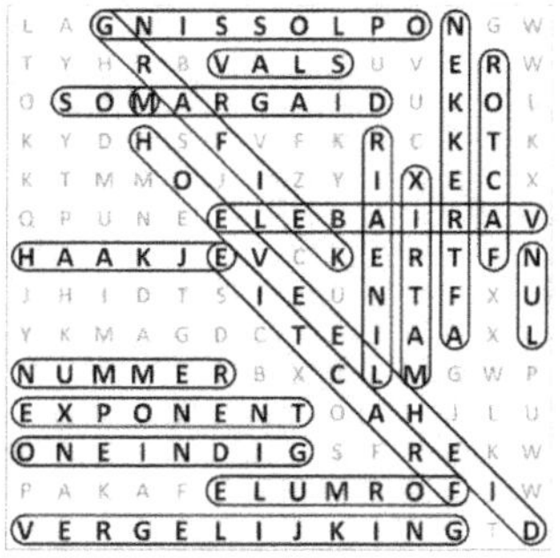

45 - Océan

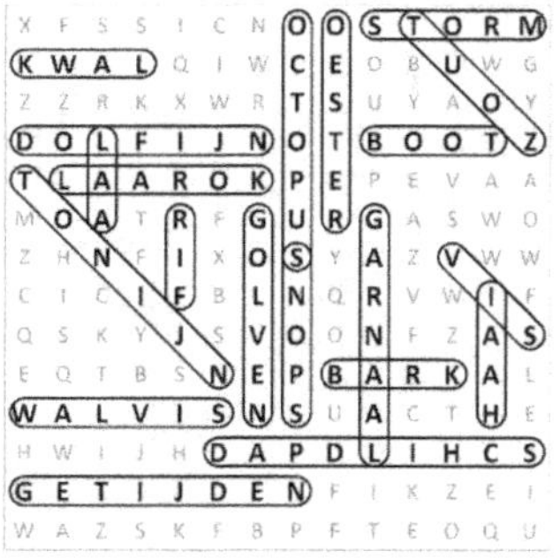

46 - Antiquités

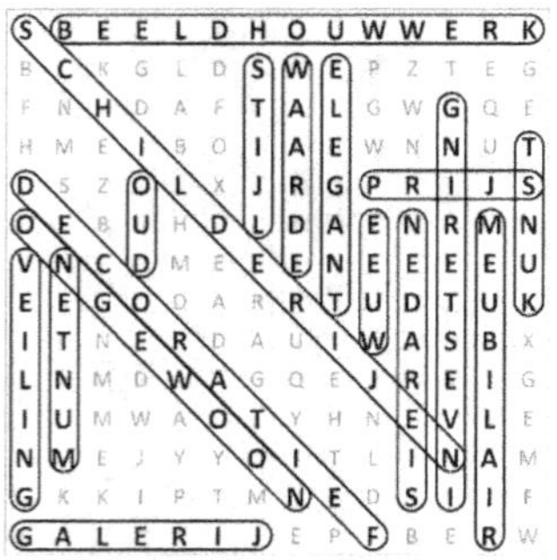

47 - Boxe

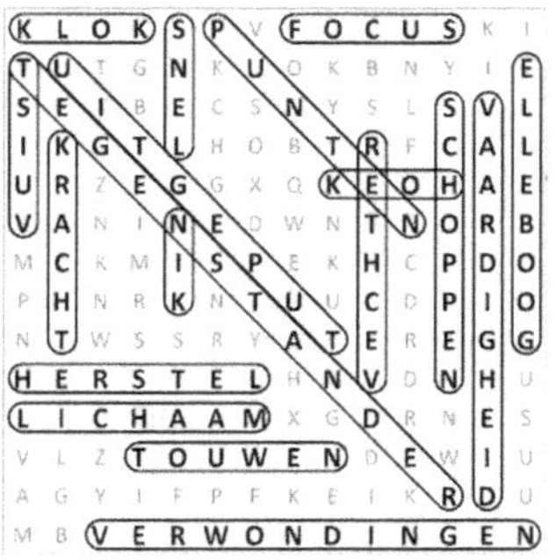

48 - Ballet

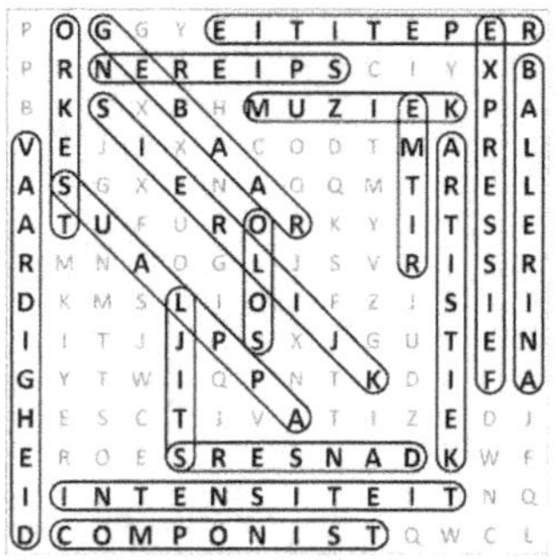

49 - Fruit

Z	F	X	O	I	W	S	H	X	M	S	I	M	Y
R	B	M	M	A	X	T	X	O	N	S	I	E	A
F	J	B	H	S	O	O	B	M	A	R	F	L	B
N	E	C	T	A	R	I	N	E	J	E	D	O	R
V	Z	K	L	N	M	B	W	V	A	K	R	E	I
P	I	O	D	A	C	O	V	A	P	E	U	N	K
E	E	J	N	N	Y	I	V	U	A	C	I	N	O
K	J	R	G	A	V	W	T	G	P	Y	F	K	O
X	N	B	Z	O	S	I	Q	R	P	E	E	R	S
K	A	W	O	I	L	K	M	V	O	L	B	J	Z
P	R	P	C	G	K	O	L	K	G	E	U	I	J
E	O	B	A	N	A	A	N	Z	N	P	N	N	Z
Z	U	O	D	H	B	E	S	Y	A	P	Z	R	W
X	Y	Q	Y	L	I	B	C	J	M	A	G	C	F

50 - Musique

Z	M	M	H	T	C	V	B	O	S	V	K	V	W
A	U	U	Z	A	N	K	T	A	P	J	K	A	H
N	Z	Z	K	O	P	E	R	A	L	N	G	C	M
G	I	I	E	P	R	I	M	A	P	L	A	B	N
E	K	K	J	M	I	S	L	U	U	U	A	M	Q
R	A	A	V	E	T	S	H	V	R	O	H	D	E
L	A	N	C	T	M	A	C	O	B	T	C	J	E
X	L	T	M	H	I	L	S	C	L	A	S	N	M
X	O	P	E	E	S	K	I	A	P	B	I	N	T
L	D	B	L	I	C	R	R	A	H	P	T	E	I
G	K	V	O	L	H	W	Y	L	W	S	Ë	G	R
S	B	J	D	U	R	A	L	B	U	M	O	N	H
H	C	S	I	N	O	M	R	A	H	U	P	I	J
K	D	W	E	I	N	O	M	R	A	H	X	Z	A

51 - Météo

M	T	O	R	N	A	D	O	R	R	D	M	P	W
S	O	K	L	I	M	A	A	T	V	O	I	O	M
V	R	E	E	F	S	O	M	T	A	N	S	L	U
P	U	E	S	F	S	D	N	E	A	D	T	A	M
S	U	X	J	S	D	R	O	O	G	E	E	I	W
P	T	O	I	M	O	D	G	S	C	R	F	R	M
P	A	D	E	Z	I	N	O	O	B	R	I	E	S
S	R	K	A	L	M	I	O	U	R	R	V	W	T
T	E	W	T	T	C	W	B	F	J	K	N	Q	B
O	P	G	O	P	X	C	N	E	O	O	A	V	R
R	M	A	U	L	E	M	E	H	B	A	I	A	R
M	E	Y	N	J	K	Q	G	Q	N	J	C	A	N
M	T	V	B	Z	V	Y	E	T	G	O	O	R	D
S	M	P	T	B	H	T	R	O	P	I	S	C	H

52 - Gouvernement

D	B	E	I	T	A	R	C	O	M	E	D	Y	C
I	U	G	Z	E	Z	U	M	K	S	M	I	N	I
S	R	E	E	W	F	S	M	L	L	A	E	A	V
C	G	L	H	X	K	T	R	K	G	I	H	T	I
U	E	I	K	O	E	I	T	A	N	R	J	I	E
S	R	J	T	W	I	G	N	A	N	Y	I	O	L
S	S	K	I	S	T	R	E	R	A	I	R	N	S
I	C	H	L	U	I	W	M	P	A	T	V	A	Y
E	H	E	B	F	L	S	U	S	A	D	S	A	M
W	A	I	J	J	O	X	N	E	Y	T	A	L	B
M	P	D	W	U	P	E	O	O	B	J	A	I	O
R	E	C	H	T	E	N	M	T	W	I	J	K	O
G	E	R	E	C	H	T	E	L	I	J	K	U	L
Z	J	T	H	N	G	R	O	N	D	W	E	T	T

53 - Randonnée

S	A	G	Z	F	M	T	U	H	W	B	V	N	K
Z	T	Z	O	N	O	O	M	O	A	E	O	A	A
D	W	E	W	S	E	P	F	J	T	R	O	T	M
I	S	A	N	E	S	D	I	G	E	G	R	U	P
E	B	P	A	E	E	L	L	L	R	Z	B	U	E
R	H	H	K	R	N	T	K	I	E	Z	E	R	R
E	L	D	Q	T	R	A	A	K	E	G	R	P	E
N	E	Z	R	A	A	L	W	T	W	Z	E	Q	N
E	E	I	T	A	T	N	Ë	I	R	O	I	T	O
K	A	M	A	M	E	B	U	R	L	C	D	V	D
R	S	Y	A	I	P	N	W	S	N	D	I	L	S
A	J	X	H	L	Q	E	E	D	O	R	N	L	O
P	F	B	J	K	P	X	L	B	B	W	G	I	E
X	G	M	W	D	O	V	G	S	H	P	S	Y	T

54 - Art

Z	O	E	V	I	S	U	E	E	L	U	H	F	S
S	B	N	E	D	I	E	B	U	D	I	U	I	A
C	U	Q	D	R	E	X	D	X	A	T	M	G	M
R	P	R	X	E	L	P	M	O	C	D	E	U	E
E	P	G	R	L	R	I	K	Z	R	R	U	U	N
Ë	O	I	K	E	C	W	J	H	R	U	R	R	S
R	Ë	D	M	E	A	B	E	K	A	K	K	U	T
E	Z	U	H	N	F	L	U	R	M	K	W	E	E
N	I	O	O	I	S	S	I	Z	P	I	G	T	L
K	E	V	O	G	J	J	P	S	O	N	A	B	L
P	T	N	D	I	M	M	I	K	M	G	M	H	I
D	R	E	E	R	I	P	S	N	I	E	G	I	N
T	T	E	Q	O	S	Y	M	B	O	O	L	U	G
E	B	E	E	L	D	H	O	U	W	W	E	R	K

55 - Nutrition

S	L	D	N	O	Z	E	G	N	K	I	C	E	V
U	P	I	T	L	G	K	H	G	W	N	A	V	L
A	V	E	N	I	X	O	T	E	A	G	L	E	O
S	I	H	C	Q	H	P	E	W	L	R	O	N	E
H	T	D	E	E	I	Q	Q	I	I	E	R	W	I
E	A	N	D	W	R	J	U	C	T	D	I	I	S
I	M	O	H	H	L	I	L	H	E	I	E	C	T
W	I	Z	Z	M	V	S	J	T	I	Ë	Ë	H	O
I	N	E	Z	I	V	U	J	E	T	N	N	T	F
T	E	G	B	I	T	T	E	R	N	T	X	I	F
T	E	I	T	A	T	N	E	M	R	E	F	G	E
E	E	E	T	L	U	S	T	N	Y	N	W	H	N
N	F	S	M	A	A	K	D	I	E	E	T	Q	W
E	E	T	B	A	A	R	E	E	T	Q	E	J	V

56 - Créativité

Y	P	S	H	I	B	E	E	L	D	I	E	F	M
S	X	P	D	E	N	U	R	U	V	N	M	T	M
J	J	O	I	I	L	S	B	I	T	D	O	H	Y
R	U	N	E	E	X	D	P	G	N	R	T	D	J
O	I	T	H	D	I	I	E	I	L	U	I	I	K
Z	M	A	T	C	X	D	R	R	R	K	E	E	W
P	O	A	H	Q	S	N	E	S	H	A	S	H	M
O	Q	N	C	W	C	W	T	E	Z	E	T	G	X
I	N	V	E	N	T	I	E	F	Ë	T	I	I	L
V	I	S	I	O	E	N	E	N	E	N	I	D	E
I	N	T	E	N	S	I	T	E	I	T	Z	R	O
O	D	R	A	M	A	T	I	S	C	H	I	A	V
I	I	N	T	U	Ï	T	I	E	A	E	V	A	E
V	E	R	B	E	E	L	D	I	N	G	C	V	G

57 - Science Fiction

M	F	U	T	U	R	I	S	T	I	S	C	H	I
R	E	A	L	I	S	T	I	S	C	H	V	Q	L
L	E	X	T	R	E	E	M	O	O	T	A	D	L
D	E	N	K	B	E	E	L	D	I	G	E	C	U
L	J	E	R	S	G	N	E	L	U	E	C	B	S
E	V	K	X	Z	X	A	K	Y	P	R	Z	I	I
R	I	E	O	N	S	L	A	M	Q	X	T	O	E
E	S	O	G	F	B	P	R	O	F	P	Q	S	I
W	E	B	V	E	I	P	O	T	S	Y	D	C	B
S	C	E	N	A	R	I	O	B	X	D	W	O	R
E	X	P	L	O	S	I	E	V	I	H	N	O	A
D	E	Q	B	M	R	O	B	O	T	S	X	P	N
M	Z	F	A	N	T	A	S	T	I	S	C	H	D
T	E	C	H	N	O	L	O	G	I	E	X	I	O

58 - Professions #1

M	D	D	K	C	D	D	A	T	B	W	D	Q	J
G	K	G	K	N	F	A	V	C	C	R	E	I	A
J	A	G	E	R	T	N	A	K	I	Z	U	M	M
U	K	L	N	S	I	S	N	L	P	W	X	B	B
I	T	R	E	I	L	E	W	U	J	F	J	U	A
W	R	E	F	A	A	R	G	O	T	R	A	C	S
W	E	T	E	N	S	C	H	A	P	P	E	R	S
E	T	E	T	P	A	D	V	O	C	A	A	T	A
D	K	I	D	R	I	B	A	N	K	I	E	R	D
I	O	G	X	L	A	A	C	Q	U	K	T	U	E
T	D	D	Q	L	O	I	N	E	V	P	T	P	U
O	S	O	N	U	Z	L	N	I	I	P	H	Z	R
R	G	O	O	L	O	E	G	E	S	P	V	I	M
Q	N	L	P	M	O	O	N	O	R	T	S	A	P

59 - Géologie

K	T	M	L	H	J	S	C	N	U	Z	O	K	E
M	R	U	E	R	V	U	L	K	A	A	N	O	K
I	U	I	I	P	A	K	A	L	E	B	E	R	W
N	U	C	S	V	R	V	U	A	T	Y	E	A	A
E	Z	L	S	T	U	O	Z	A	A	V	T	A	R
R	G	A	O	T	A	T	I	G	L	N	S	L	T
A	E	C	F	O	A	L	K	U	P	P	D	Z	S
L	S	U	Y	R	P	L	L	N	H	C	P	J	R
E	M	I	G	G	N	D	A	E	I	S	O	R	E
N	O	A	V	S	C	Y	A	C	N	T	O	C	S
E	L	R	A	V	N	A	R	R	T	P	R	C	I
R	T	J	D	H	Q	L	A	V	A	I	L	W	E
Q	E	N	O	Z	I	R	E	G	M	N	E	V	G
T	N	E	N	I	T	N	O	C	X	S	P	T	P

60 - Cirque

B	A	L	L	O	N	N	E	N	V	U	F	L	O
K	O	S	T	U	U	M	S	L	O	O	Y	Q	L
S	P	E	C	T	A	C	U	L	A	I	R	D	I
K	B	Y	R	U	E	L	G	N	O	J	E	U	F
T	O	E	S	C	H	O	U	W	E	R	K	T	A
A	A	K	M	C	Z	T	H	O	P	A	A	E	N
A	Z	R	A	U	G	P	L	L	V	A	A	N	T
L	S	E	A	A	Z	Y	K	C	E	L	C	T	D
M	A	G	I	E	R	I	R	R	R	E	R	Q	I
T	D	J	V	D	L	T	E	J	M	H	O	T	E
X	M	I	G	A	E	U	J	K	A	C	B	Z	R
Z	R	T	T	R	E	Q	I	E	K	O	A	D	E
J	A	T	Y	A	U	L	F	U	E	O	A	Z	N
E	P	Y	G	P	W	O	J	L	N	G	T	L	V

61 - Jardin

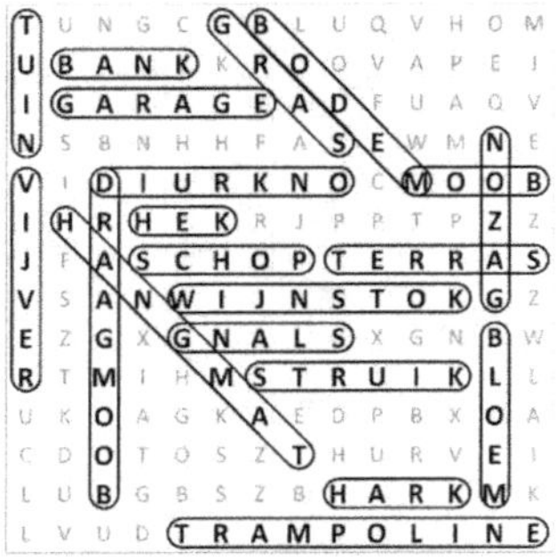

62 - Santé et Bien Être #1

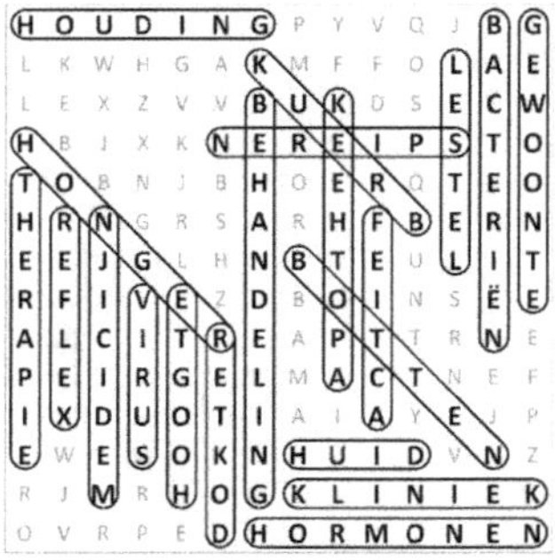

63 - Barbecues

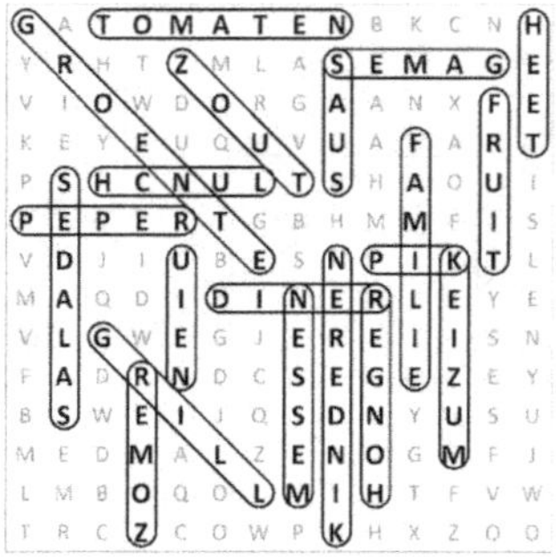

64 - Animaux de Compagnie

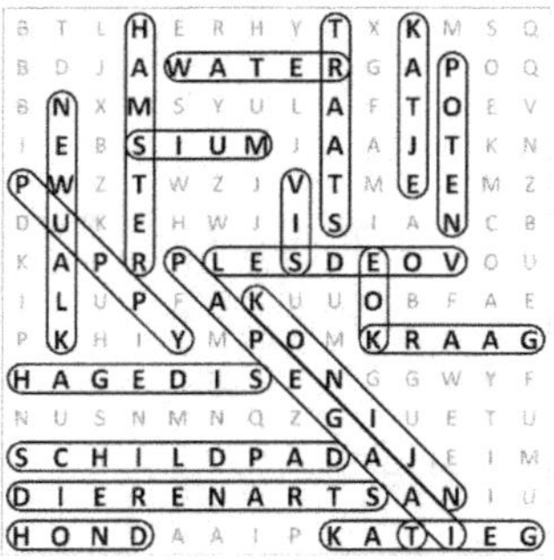

65 - Forêt Tropicale

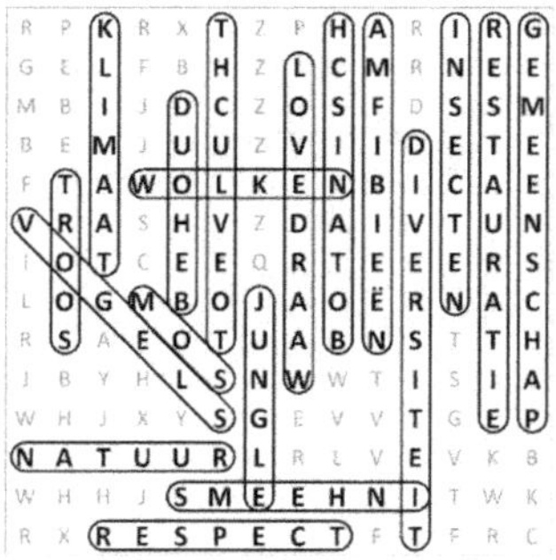

66 - Ferme #1

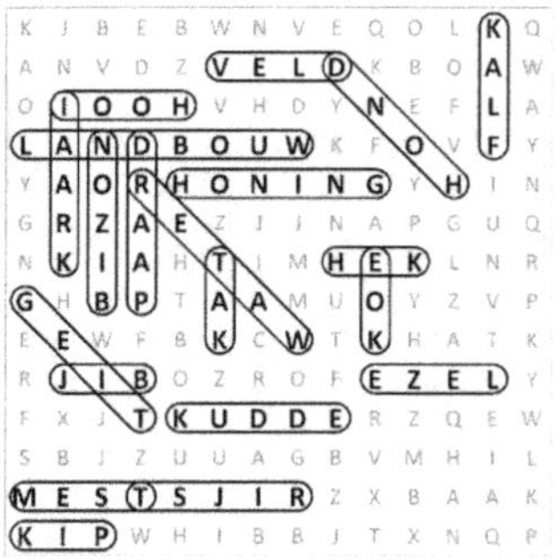

67 - Café

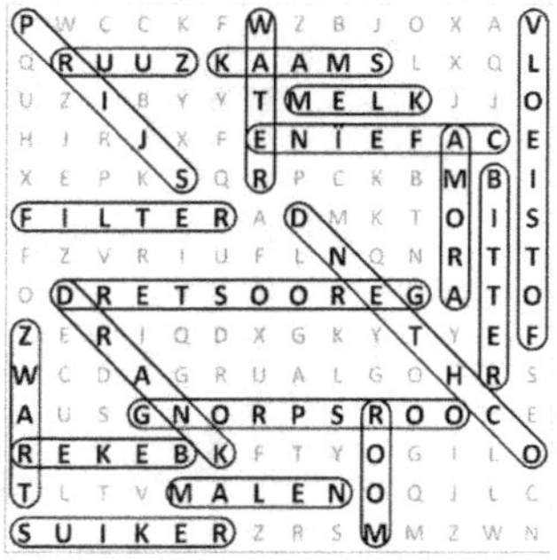

68 - Antarctique

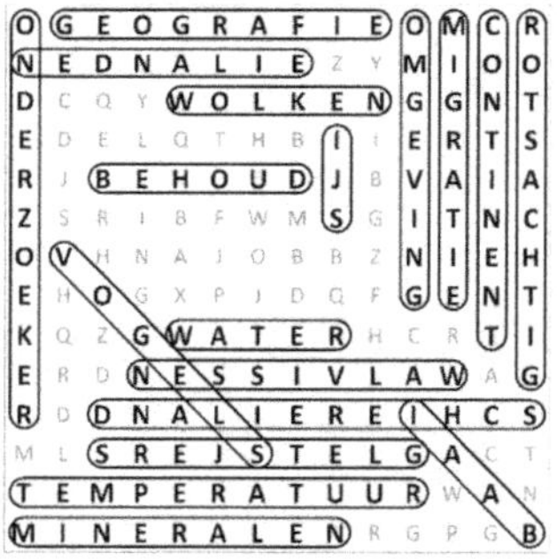

69 - Professions #2

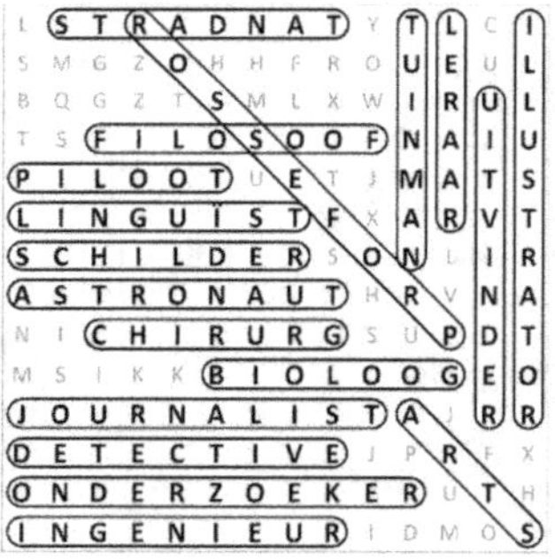

70 - Les Abeilles

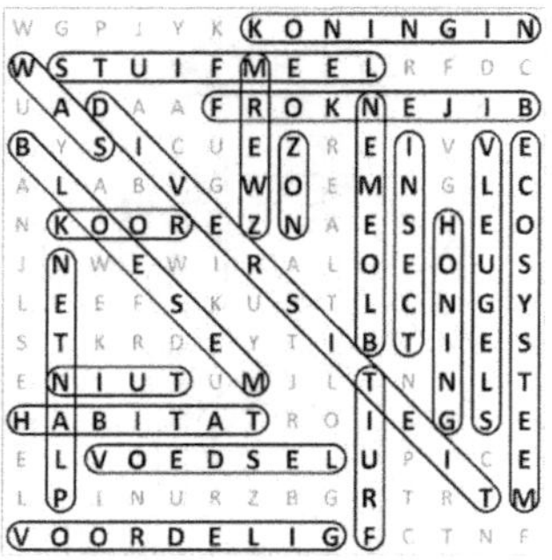

71 - Santé et Bien Être #2

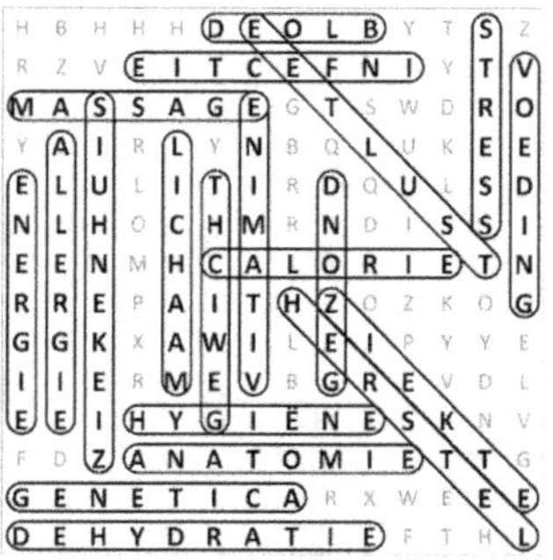

72 - Conduite

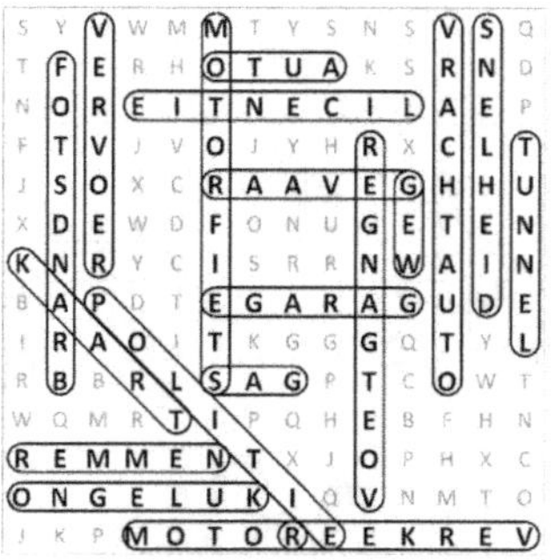

73 - Plantes

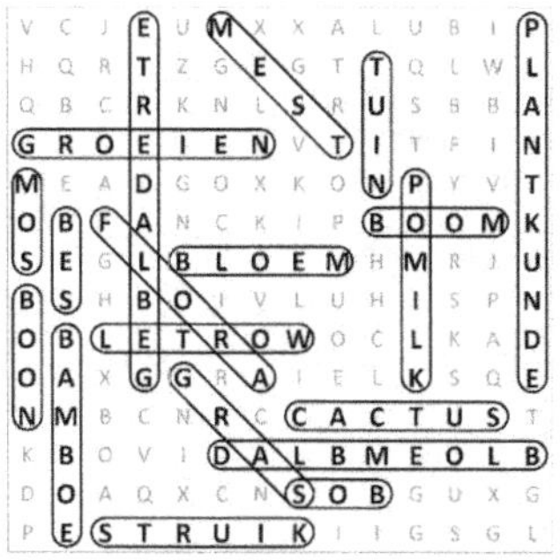

74 - Ferme #2

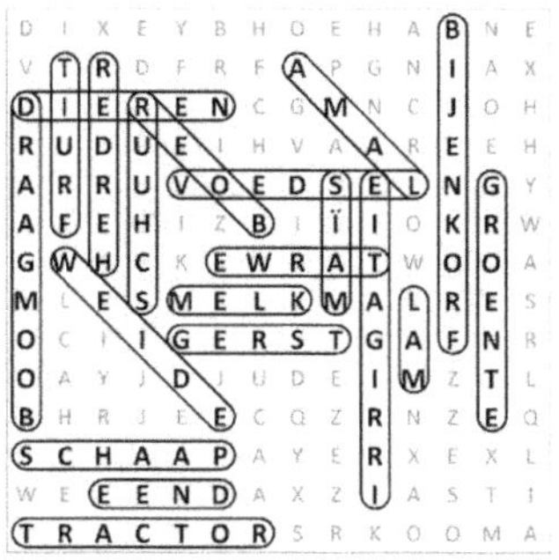

75 - Vacances #2

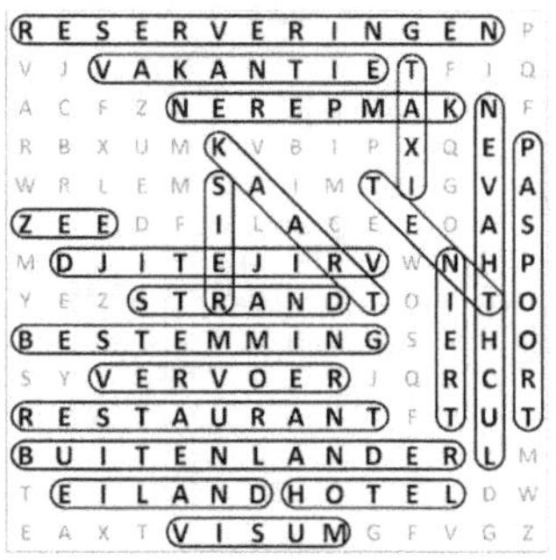

76 - Temps

77 - Maison

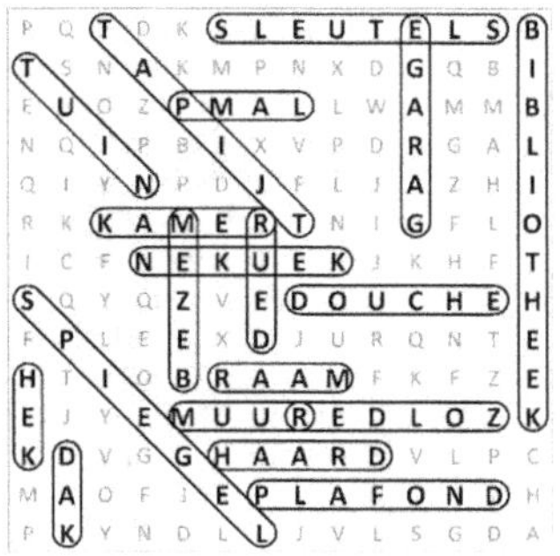

78 - Légumes

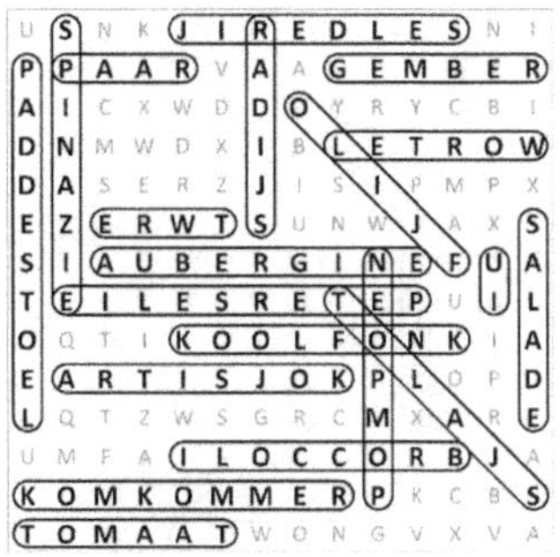

79 - Plage

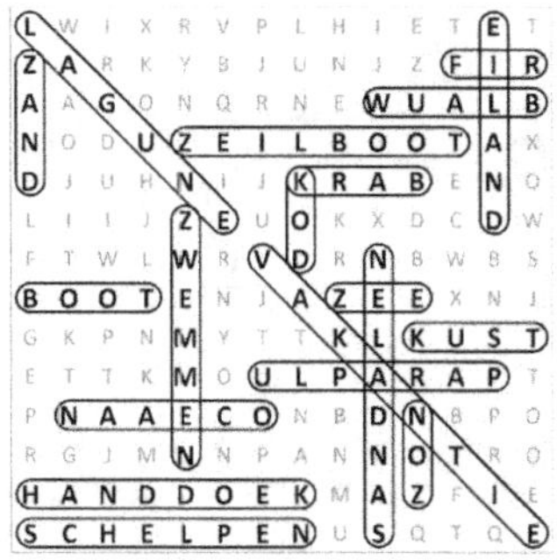

80 - Famille

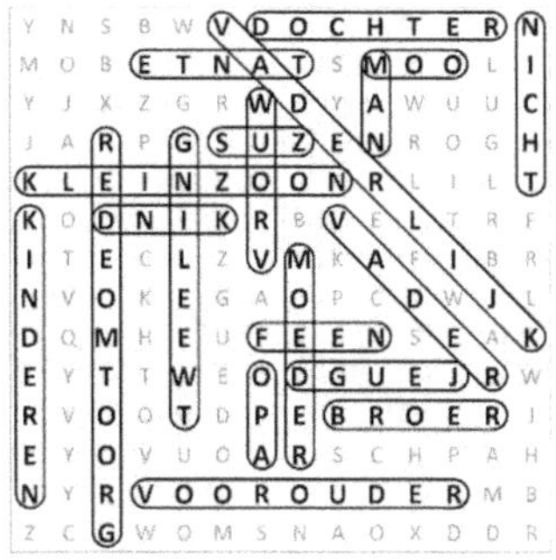

81 - Oiseaux

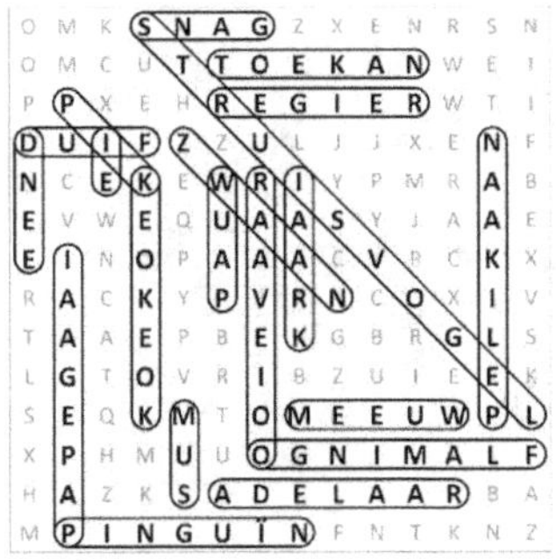

82 - Disciplines Scientifiques

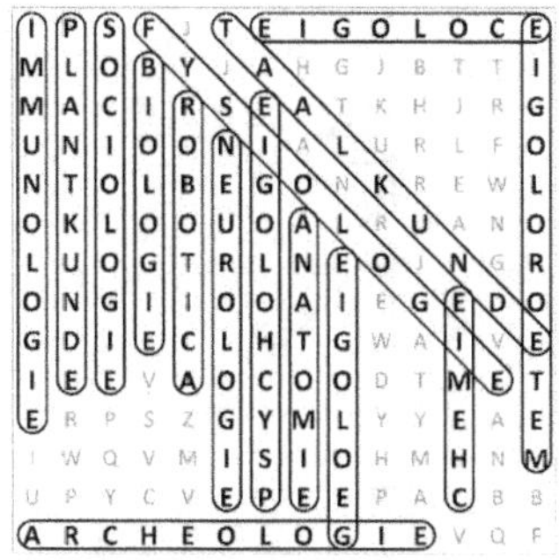

83 - Univers

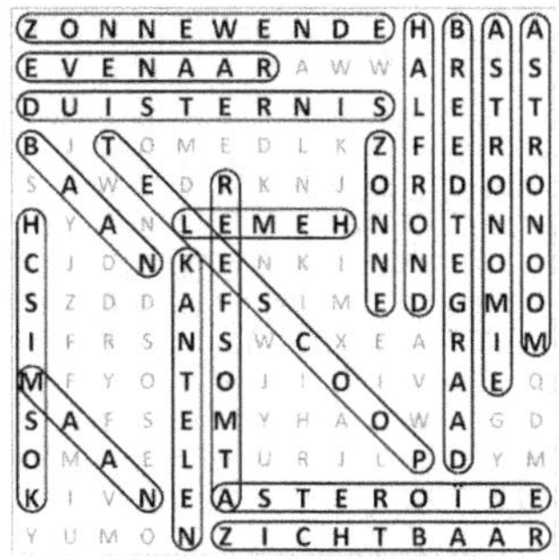

84 - Géographie

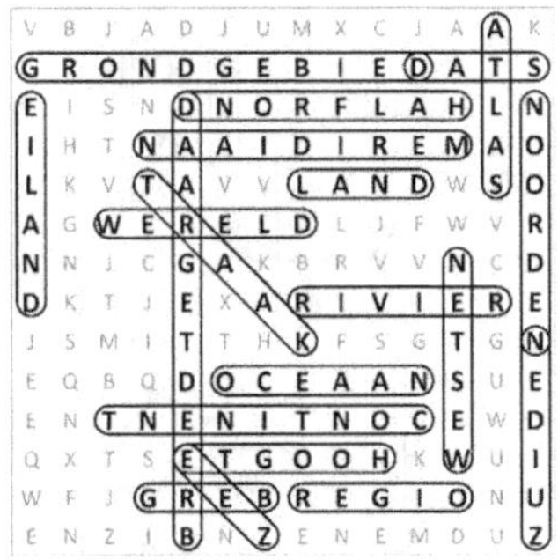

85 - Danse

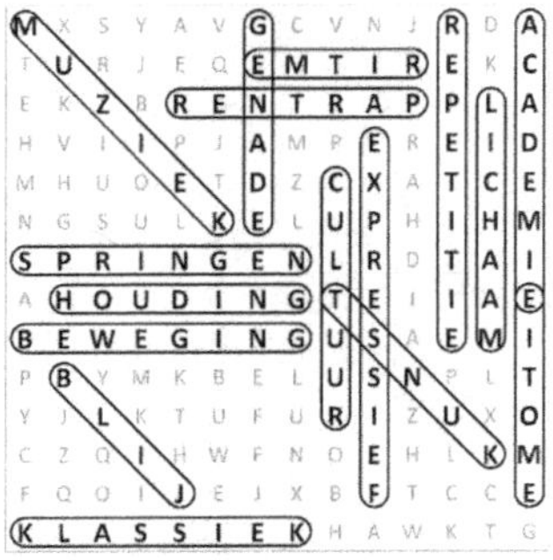

86 - Bâtiments

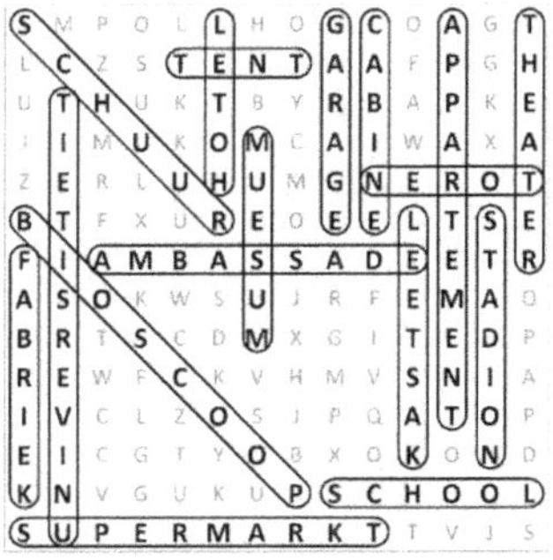

87 - Activités et Loisirs

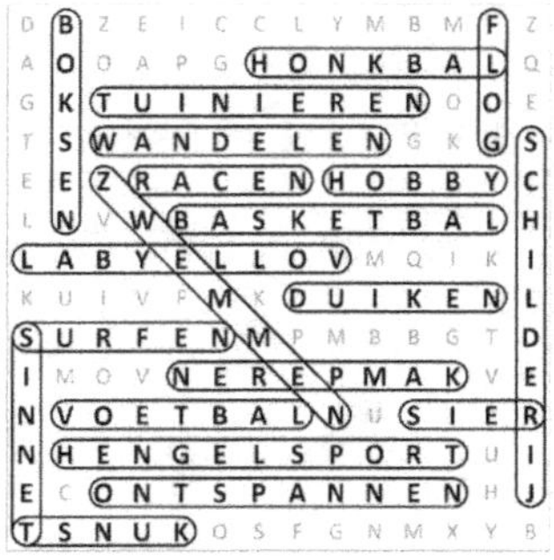

88 - Livres

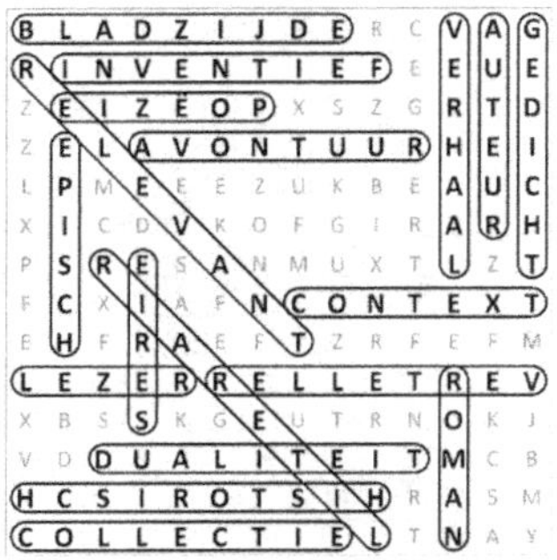

89 - Pays #2

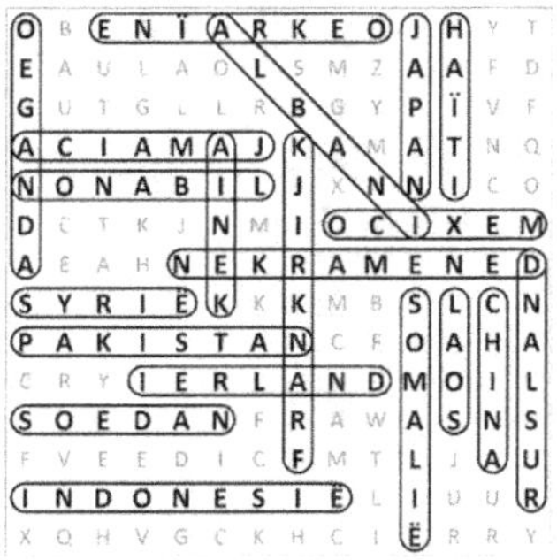

90 - Fournitures d'Art

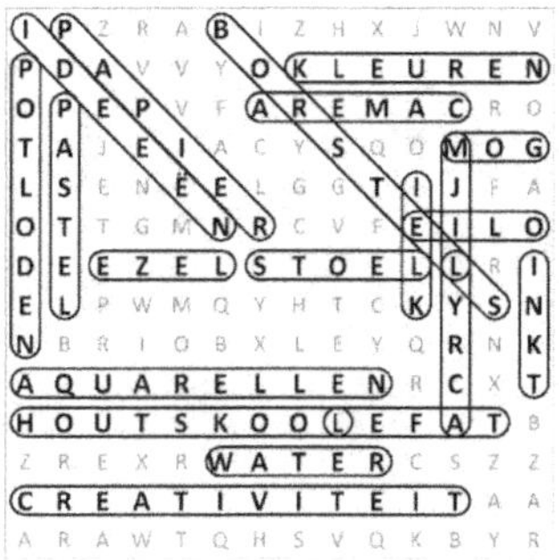

91 - Eau

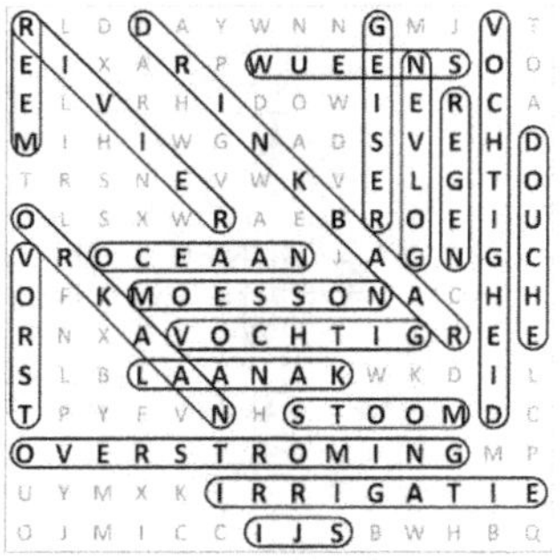

92 - Jazz

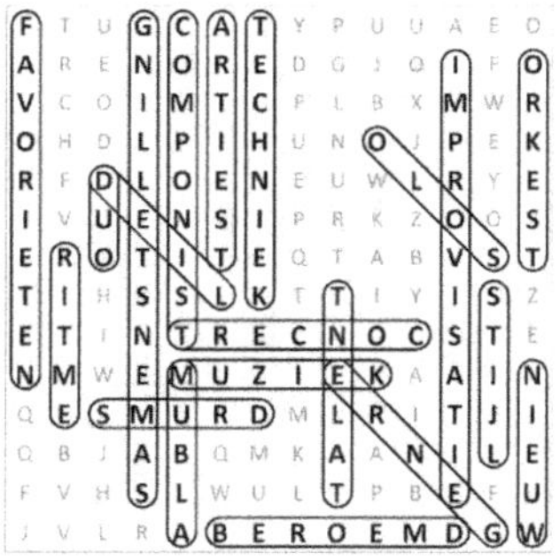

93 - Paysages

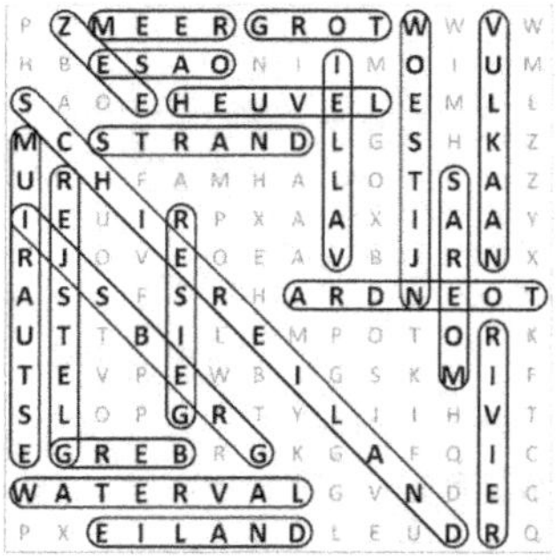

94 - Pays #1

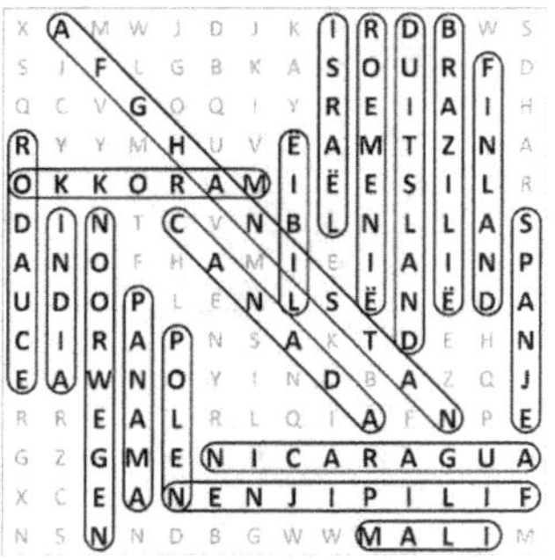

95 - Nombres

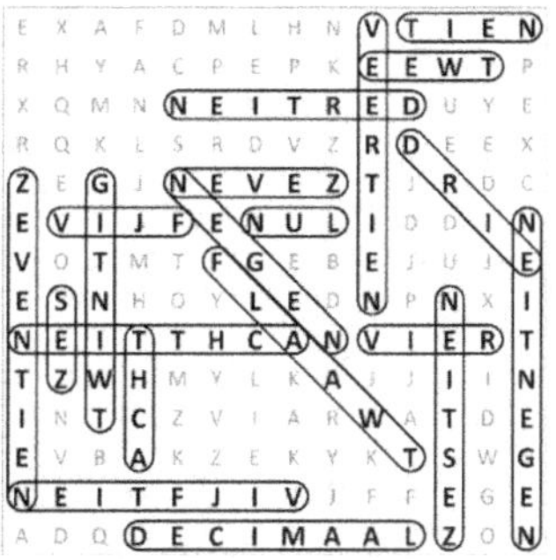

96 - Psychologie

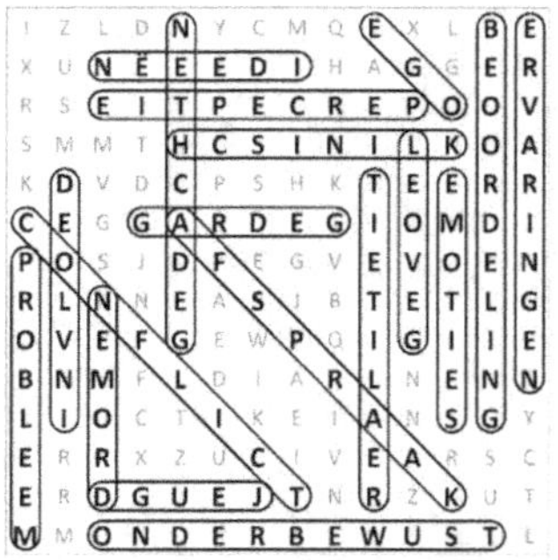

97 - Nature

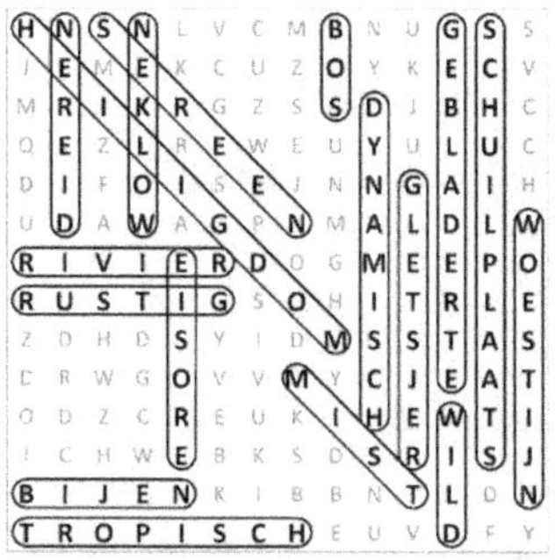

98 - Chimie

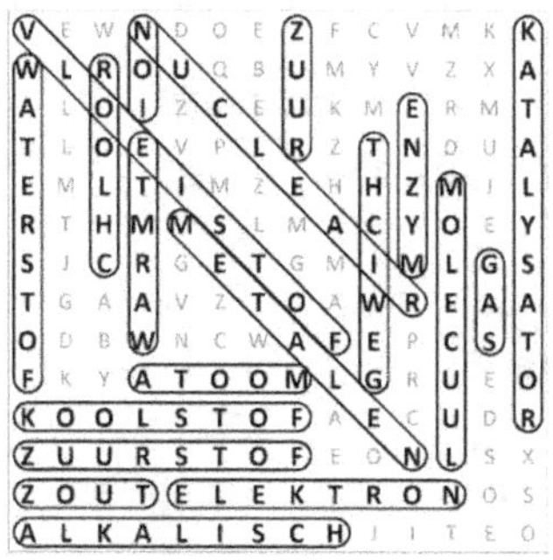

99 - Bateaux

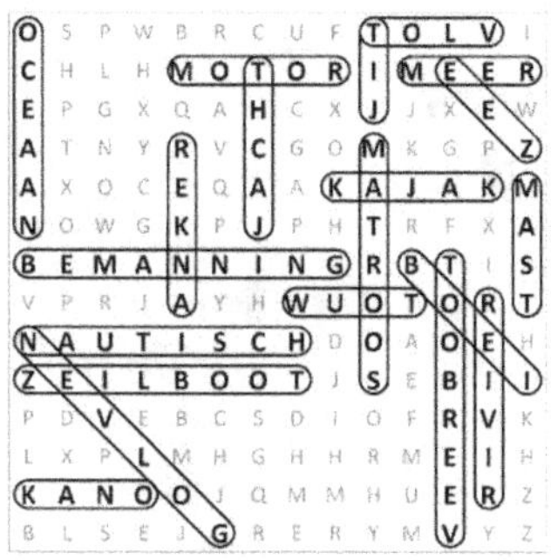

100 - Mesures

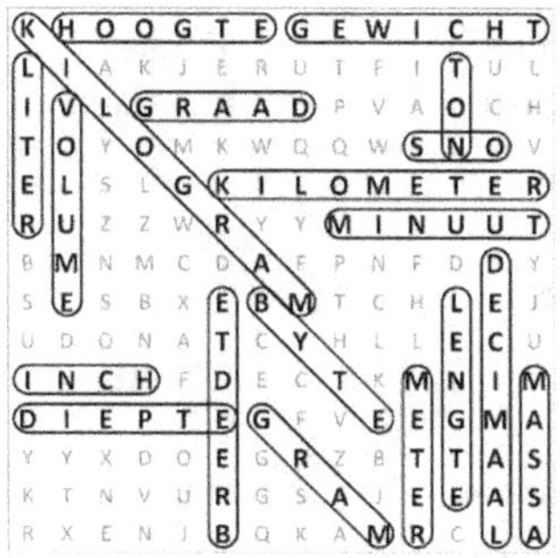

Dictionnaire

Activités

Activiteiten

Activité	Activiteit
Art	Kunst
Artisanat	Ambachten
Camping	Kamperen
Céramique	Keramiek
Chasse	Jacht
Compétence	Vaardigheid
Couture	Naaien
Intérêts	Belangen
Jardinage	Tuinieren
Jeux	Games
Lecture	Lezen
Loisir	Vrije Tijd
Magie	Magie
Peinture	Schilderij
Pêche	Hengelsport
Photographie	Fotografie
Plaisir	Plezier
Randonnée	Wandelen
Relaxation	Ontspanning

Activités et Loisirs

Activiteiten en Vrije Ti

Art	Kunst
Base-Ball	Honkbal
Basket-Ball	Basketbal
Boxe	Boksen
Camping	Kamperen
Course	Racen
Football	Voetbal
Golf	Golf
Jardinage	Tuinieren
Nager	Zwemmen
Passe-Temps	Hobby
Peinture	Schilderij
Pêche	Hengelsport
Plongée	Duiken
Randonnée	Wandelen
Relaxant	Ontspannen
Surf	Surfen
Tennis	Tennis
Volley-Ball	Volleybal
Voyage	Reis

Adjectifs #1

Bijvoeglijke Naamwoorden

Absolu	Absoluut
Actif	Actief
Ambitieux	Ambitieus
Aromatique	Aromatisch
Artistique	Artistiek
Attractif	Aantrekkelijk
Beau	Mooi
Exotique	Exotisch
Énorme	Enorm
Généreux	Gul
Honnête	Eerlijk
Identique	Identiek
Important	Belangrijk
Innocent	Onschuldig
Jeune	Jong
Lent	Langzaam
Lourd	Zwaar
Mince	Dun
Moderne	Modern
Parfait	Perfect

Adjectifs #2

Bijvoeglijke Naamwoorden

Authentique	Authentiek
Célèbre	Beroemd
Créatif	Creatief
Descriptif	Beschrijvend
Doué	Begaafd
Dramatique	Dramatisch
Élégant	Elegant
Fier	Trots
Fort	Sterk
Intéressant	Interessant
Naturel	Natuurlijk
Nouveau	Nieuw
Productif	Productief
Puissant	Krachtig
Pur	Zuiver
Sain	Gezond
Salé	Zout
Sauvage	Wild
Sec	Droog
Somnolent	Slaperig

Algèbre

Algebra

Diagramme	Diagram
Exposant	Exponent
Équation	Vergelijking
Facteur	Factor
Faux	Vals
Formule	Formule
Fraction	Fractie
Graphique	Grafiek
Infini	Oneindig
Linéaire	Lineair
Matrice	Matrix
Nombre	Nummer
Parenthèse	Haakje
Problème	Probleem
Quantité	Hoeveelheid
Solution	Oplossing
Somme	Som
Soustraction	Aftrekken
Variable	Variabele
Zéro	Nul

Animaux de Compagnie

Huisdieren

Chat	Kat
Chaton	Katje
Chèvre	Geit
Chien	Hond
Chiot	Puppy
Collier	Kraag
Eau	Water
Griffes	Klauwen
Hamster	Hamster
Lapin	Konijn
Lézard	Hagedis
Nourriture	Voedsel
Pattes	Poten
Perroquet	Papegaai
Poisson	Vis
Queue	Staart
Souris	Muis
Tortue	Schildpad
Vache	Koe
Vétérinaire	Dierenarts

Antarctique
Antarctica

Baie	Baai
Baleines	Walvissen
Chercheur	Onderzoeker
Conservation	Behoud
Continent	Continent
Eau	Water
Environnement	Omgeving
Expédition	Expeditie
Géographie	Geografie
Glace	Ijs
Glaciers	Gletsjers
Îles	Eilanden
Migration	Migratie
Minéraux	Mineralen
Nuage	Wolken
Oiseaux	Vogels
Péninsule	Schiereiland
Rocheux	Rotsachtig
Température	Temperatuur
Topographie	Topografie

Antiquités
Antiek

Art	Kunst
Authentique	Authentiek
Bijoux	Sieraden
Décoratif	Decoratief
Enchères	Veiling
Élégant	Elegant
Galerie	Galerij
Inhabituel	Ongewoon
Investissement	Investering
Meubles	Meubilair
Peintures	Schilderijen
Pièces	Munten
Prix	Prijs
Qualité	Kwaliteit
Restauration	Restauratie
Sculpture	Beeldhouwwerk
Siècle	Eeuw
Style	Stijl
Valeur	Waarde
Vieux	Oud

Archéologie
Archeologie

Analyse	Analyse
Antiquité	Oudheid
Chercheur	Onderzoeker
Civilisation	Beschaving
Descendant	Nakomeling
Expert	Deskundige
Ère	Tijdperk
Équipe	Team
Évaluation	Evaluatie
Fossile	Fossiel
Inconnu	Onbekend
Mystère	Mysterie
Objets	Objecten
Os	Botten
Oublié	Vergeten
Poterie	Aardewerk
Professeur	Professor
Relique	Relikwie
Temple	Tempel
Tombe	Graf

Art
Kunst

Céramique	Keramisch
Complexe	Complex
Composition	Samenstelling
Créer	Creëren
Dépeindre	Portretteren
Expression	Uitdrukking
Figure	Figuur
Honnête	Eerlijk
Humeur	Humeur
Inspiré	Geïnspireerd
Original	Origineel
Peintures	Schilderijen
Personnel	Persoonlijk
Poésie	Poëzie
Sculpture	Beeldhouwwerk
Simple	Eenvoudig
Sujet	Onderwerp
Surréalisme	Surrealisme
Symbole	Symbool
Visuel	Visueel

Arts Visuels
Beeldende Kunsten

Architecture	Architectuur
Argile	Klei
Artiste	Artiest
Céramique	Keramiek
Chef-D'Œuvre	Meesterwerk
Chevalet	Ezel
Cire	Was
Composition	Samenstelling
Craie	Krijt
Crayon	Potlood
Créativité	Creativiteit
Film	Film
Peinture	Schilderij
Perspective	Perspectief
Pochoir	Stencil
Portrait	Portret
Poterie	Aardewerk
Sculpture	Beeldhouwwerk
Stylo	Pen
Vernis	Vernis

Astronomie
Astronomie

Astéroïde	Asteroïde
Astronaute	Astronaut
Astronome	Astronoom
Ciel	Hemel
Constellation	Sterrenbeeld
Cosmos	Kosmos
Éclipse	Verduistering
Équinoxe	Equinox
Fusée	Raket
Lune	Maan
Météore	Meteoor
Nébuleuse	Nevel
Observatoire	Observatorium
Planète	Planeet
Radiation	Straling
Satellite	Satelliet
Solaire	Zonne
Supernova	Supernova
Terre	Aarde
Univers	Universum

Aventure
Avontuur

Activité	Activiteit
Beauté	Schoonheid
Bravoure	Moed
Chance	Kans
Dangereux	Gevaarlijk
Destination	Bestemming
Défis	Uitdagingen
Difficulté	Moeilijkheid
Enthousiasme	Enthousiasme
Excursion	Excursie
Inhabituel	Ongewoon
Itinéraire	Reisplan
Joie	Vreugde
Nature	Natuur
Navigation	Navigatie
Nouveau	Nieuw
Préparation	Voorbereiding
Sécurité	Veiligheid
Surprenant	Verrassend
Voyages	Reizen

Avions
Vliegtuigen

Air	Lucht
Atmosphère	Atmosfeer
Atterrissage	Landen
Aventure	Avontuur
Ballon	Ballon
Carburant	Brandstof
Ciel	Hemel
Construction	Bouw
Descente	Afdaling
Direction	Richting
Équipage	Bemanning
Gonfler	Opblazen
Hauteur	Hoogte
Hélices	Propellers
Histoire	Geschiedenis
Hydrogène	Waterstof
Moteur	Motor
Passager	Passagier
Pilote	Piloot
Turbulence	Turbulentie

Ballet
Ballet

Applaudissement	Applaus
Artistique	Artistiek
Ballerine	Ballerina
Chorégraphie	Choreografie
Compétence	Vaardigheid
Compositeur	Componist
Danseurs	Dansers
Expressif	Expressief
Geste	Gebaar
Gracieux	Sierlijk
Intensité	Intensiteit
Muscles	Spieren
Musique	Muziek
Orchestre	Orkest
Public	Publiek
Répétition	Repetitie
Rythme	Ritme
Solo	Solo
Style	Stijl
Technique	Techniek

Barbecues
Barbecues

Chaud	Heet
Couteaux	Messen
Déjeuner	Lunch
Dîner	Diner
Enfants	Kinderen
Été	Zomer
Faim	Honger
Famille	Familie
Fruit	Fruit
Gril	Grill
Jeux	Games
Légumes	Groente
Musique	Muziek
Oignons	Uien
Poivre	Peper
Poulet	Kip
Salades	Salades
Sauce	Saus
Sel	Zout
Tomates	Tomaten

Bateaux
Boten

Ancre	Anker
Bouée	Boei
Canoë	Kano
Corde	Touw
Équipage	Bemanning
Ferry	Veerboot
Fleuve	Rivier
Kayak	Kajak
Lac	Meer
Marée	Tij
Marin	Matroos
Mât	Mast
Mer	Zee
Moteur	Motor
Nautique	Nautisch
Océan	Oceaan
Radeau	Vlot
Vagues	Golven
Voilier	Zeilboot
Yacht	Jacht

Bâtiments
Gebouwen

Ambassade	Ambassade
Appartement	Appartement
Cabine	Cabine
Château	Kasteel
Cinéma	Bioscoop
École	School
Garage	Garage
Grange	Schuur
Hôpital	Ziekenhuis
Hôtel	Hotel
Laboratoire	Laboratorium
Musée	Museum
Observatoire	Observatorium
Stade	Stadion
Supermarché	Supermarkt
Tente	Tent
Théâtre	Theater
Tour	Toren
Université	Universiteit
Usine	Fabriek

Beauté
Schoonheid

Boucles	Krullen
Charme	Charme
Ciseaux	Schaar
Cosmétique	Cosmetica
Couleur	Kleur
Élégance	Elegantie
Élégant	Elegant
Grâce	Genade
Huiles	Oliën
Lisse	Glad
Maquillage	Verzinnen
Mascara	Mascara
Miroir	Spiegel
Parfum	Geur
Peau	Huid
Photogénique	Fotogeniek
Rouge à Lèvres	Lippenstift
Services	Diensten
Shampooing	Shampoo
Styliste	Stilist

Boxe
Boksen

Adversaire	Tegenstander
Blessures	Verwondingen
Cloche	Klok
Coin	Hoek
Combattant	Vechter
Compétence	Vaardigheid
Concentrer	Focus
Cordes	Touwen
Corps	Lichaam
Coude	Elleboog
Coup	Schoppen
Épuisé	Uitgeput
Force	Kracht
Gants	Handschoenen
Menton	Kin
Poing	Vuist
Points	Punten
Rapide	Snel
Récupération	Herstel

Café
Koffie

Acide	Zuur
Amer	Bitter
Arôme	Aroma
Boisson	Drank
Caféine	Cafeïne
Crème	Room
Eau	Water
Filtre	Filter
Lait	Melk
Liquide	Vloeistof
Matin	Ochtend
Moudre	Malen
Noir	Zwart
Origine	Oorsprong
Prix	Prijs
Rôti	Geroosterd
Saveur	Smaak
Sucre	Suiker
Tasse	Beker
Variété	Variëteit

Camping
Camping

Animaux	Dieren
Aventure	Avontuur
Boussole	Kompas
Cabine	Cabine
Canoë	Kano
Carte	Kaart
Chapeau	Hoed
Chasse	Jacht
Corde	Touw
Équipement	Apparatuur
Feu	Brand
Forêt	Bos
Hamac	Hangmat
Insecte	Insect
Lac	Meer
Lanterne	Lantaarn
Lune	Maan
Montagne	Berg
Nature	Natuur
Tente	Tent

Chimie
Chemie

Acide	Zuur
Alcalin	Alkalisch
Atomique	Atoom
Carbone	Koolstof
Catalyseur	Katalysator
Chaleur	Warmte
Chlore	Chloor
Enzyme	Enzym
Électron	Elektron
Gaz	Gas
Hydrogène	Waterstof
Ion	Ion
Liquide	Vloeistof
Métaux	Metalen
Molécule	Molecuul
Nucléaire	Nucleair
Oxygène	Zuurstof
Poids	Gewicht
Sel	Zout
Température	Temperatuur

Chocolat
Chocolade

Amer	Bitter
Antioxydant	Antioxidant
Arôme	Aroma
Artisanal	Artisanaal
Bonbon	Snoep
Cacahuètes	Pinda'S
Cacao	Cacao
Calories	Calorieën
Caramel	Karamel
Délicieux	Heerlijk
Doux	Zoet
Exotique	Exotisch
Favori	Favoriet
Goût	Smaak
Ingrédient	Ingrediënt
Noix de Coco	Kokosnoot
Poudre	Poeder
Qualité	Kwaliteit
Recette	Recept
Sucre	Suiker

Cirque
Circus

Acrobate	Acrobaat
Animaux	Dieren
Ballons	Ballonnen
Billet	Kaartje
Clown	Clown
Costume	Kostuum
Divertir	Vermaken
Éléphant	Olifant
Jongleur	Jongleur
Lion	Leeuw
Magicien	Goochelaar
Magie	Magie
Montrer	Laat
Musique	Muziek
Parade	Parade
Singe	Aap
Spectaculaire	Spectaculair
Spectateur	Toeschouwer
Tente	Tent
Tigre	Tijger

Conduite
Rijden

Accident	Ongeluk
Camion	Vrachtauto
Carburant	Brandstof
Carte	Kaart
Danger	Gevaar
Freins	Remmen
Garage	Garage
Gaz	Gas
Licence	Licentie
Moteur	Motor
Moto	Motorfiets
Piéton	Voetganger
Police	Politie
Route	Weg
Sécurité	Veiligheid
Trafic	Verkeer
Transport	Vervoer
Tunnel	Tunnel
Vitesse	Snelheid
Voiture	Auto

Corps Humain
Menselijk Lichaam

Bouche	Mond
Cerveau	Hersenen
Cheville	Enkel
Cou	Nek
Coude	Elleboog
Cœur	Hart
Doigt	Vinger
Estomac	Maag
Épaule	Schouder
Genou	Knie
Lèvres	Lippen
Main	Hand
Mâchoire	Kaak
Menton	Kin
Nez	Neus
Oreille	Oor
Peau	Huid
Sang	Bloed
Tête	Hoofd
Visage	Gezicht

Créativité
Creativiteit

Artistique	Artistiek
Authenticité	Echtheid
Clarté	Helderheid
Compétence	Vaardigheid
Dramatique	Dramatisch
Expression	Uitdrukking
Émotions	Emoties
Fluidité	Vloeibaarheid
Idées	Ideeën
Image	Beeld
Imagination	Verbeelding
Impression	Indruk
Inspiration	Inspiratie
Intensité	Intensiteit
Intuition	Intuïtie
Inventif	Inventief
Sensation	Gevoel
Spontané	Spontaan
Visions	Visioenen
Vitalité	Vitaliteit

Cuisine
Keuken

Baguettes	Eetstokjes
Bol	Kom
Bouilloire	Ketel
Congélateur	Vriezer
Couteaux	Messen
Cruche	Kruik
Cuillères	Lepels
Épices	Specerijen
Éponge	Spons
Four	Oven
Fourchettes	Vorken
Gril	Grill
Louche	Pollepel
Nourriture	Voedsel
Pot	Pot
Recette	Recept
Réfrigérateur	Koelkast
Serviette	Servet
Tablier	Schort
Tasses	Cup

Danse
Dans

Académie	Academie
Art	Kunst
Chorégraphie	Choreografie
Classique	Klassiek
Corps	Lichaam
Culture	Cultuur
Culturel	Cultureel
Expressif	Expressief
Émotion	Emotie
Grâce	Genade
Joyeux	Blij
Mouvement	Beweging
Musique	Muziek
Partenaire	Partner
Posture	Houding
Répétition	Repetitie
Rythme	Ritme
Saut	Springen
Traditionnel	Traditioneel
Visuel	Visueel

Diplomatie
Diplomatie

Ambassade	Ambassade
Ambassadeur	Ambassadeur
Citoyens	Burgers
Communauté	Gemeenschap
Conflit	Conflict
Conseiller	Adviseur
Coopération	Samenwerking
Diplomatique	Diplomatiek
Discussion	Discussie
Éthique	Ethiek
Étranger	Buitenlands
Gouvernement	Regering
Humanitaire	Humanitair
Intégrité	Integriteit
Justice	Gerechtigheid
Politique	Politiek
Résolution	Resolutie
Sécurité	Veiligheid
Solution	Oplossing
Traité	Verdrag

Disciplines Scientifiques
Wetenschappelijke Discip

Anatomie	Anatomie
Archéologie	Archeologie
Astronomie	Astronomie
Biochimie	Biochemie
Biologie	Biologie
Botanique	Plantkunde
Chimie	Chemie
Écologie	Ecologie
Géologie	Geologie
Immunologie	Immunologie
Linguistique	Taalkunde
Mécanique	Mechanica
Météorologie	Meteorologie
Minéralogie	Mineralogie
Neurologie	Neurologie
Physiologie	Fysiologie
Psychologie	Psychologie
Robotique	Robotica
Sociologie	Sociologie
Zoologie	Zoölogie

Eau
Water

Canal	Kanaal
Douche	Douche
Évaporation	Verdamping
Fleuve	Rivier
Gel	Vorst
Geyser	Geiser
Glace	Ijs
Humide	Vochtig
Humidité	Vochtigheid
Inondation	Overstroming
Irrigation	Irrigatie
Lac	Meer
Mousson	Moesson
Neige	Sneeuw
Océan	Oceaan
Ouragan	Orkaan
Pluie	Regen
Potable	Drinkbaar
Vagues	Golven
Vapeur	Stoom

Entreprise
Zakelijk

Argent	Geld
Boutique	Winkel
Budget	Begroting
Bureau	Kantoor
Carrière	Carrière
Coût	Kosten
Devise	Valuta
Employeur	Werkgever
Employé	Werknemer
Entreprise	Bedrijf
Économie	Economie
Finance	Financiën
Impôts	Belastingen
Investissement	Investering
Marchandise	Handelswaar
Profit	Winst
Revenu	Inkomen
Transaction	Transactie
Usine	Fabriek
Vente	Verkoop

Échecs
Schaken

Adversaire	Tegenstander
Apprendre	Leren
Blanc	Wit
Champion	Kampioen
Concours	Wedstrijd
Défis	Uitdagingen
Diagonal	Diagonaal
Intelligent	Slim
Jeu	Spel
Joueur	Speler
Noir	Zwart
Passif	Passief
Points	Punten
Reine	Koningin
Règles	Reglement
Roi	Koning
Sacrifice	Offer
Stratégie	Strategie
Temps	Tijd
Tournoi	Toernooi

Écologie
Ecologie

Bénévoles	Vrijwilligers
Climat	Klimaat
Diversité	Diversiteit
Durable	Duurzaam
Espèce	Soort
Faune	Fauna
Flore	Flora
Global	Globaal
Habitat	Habitat
Marais	Moeras
Marin	Marinier
Montagnes	Bergen
Nature	Natuur
Naturel	Natuurlijk
Plantes	Planten
Sécheresse	Droogte
Survie	Overleving
Variété	Variëteit
Végétation	Vegetatie

Énergie
Energie

Batterie	Accu
Carbone	Koolstof
Carburant	Brandstof
Chaleur	Warmte
Diesel	Diesel
Entropie	Entropie
Environnement	Omgeving
Essence	Benzine
Électrique	Elektrisch
Électron	Elektron
Hydrogène	Waterstof
Industrie	Industrie
Moteur	Motor
Nucléaire	Nucleair
Photon	Foton
Pollution	Vervuiling
Renouvelable	Hernieuwbaar
Soleil	Zon
Turbine	Turbine
Vent	Wind

Épices
Specerijen

Aigre	Zuur
Ail	Knoflook
Amer	Bitter
Anis	Anijs
Cannelle	Kaneel
Cardamome	Kardemom
Coriandre	Koriander
Cumin	Komijn
Curry	Kerrie
Fenouil	Venkel
Gingembre	Gember
Muscade	Nootmuskaat
Oignon	Ui
Paprika	Paprika
Poivre	Peper
Réglisse	Drop
Safran	Saffraan
Saveur	Smaak
Sel	Zout
Vanille	Vanille

Famille
Familie

Ancêtre	Voorouder
Enfance	Jeugd
Enfant	Kind
Enfants	Kinderen
Femme	Vrouw
Fille	Dochter
Frère	Broer
Grand-Mère	Grootmoeder
Grand-Père	Opa
Jumeaux	Tweeling
Mari	Man
Mère	Moeder
Neveu	Neef
Nièce	Nicht
Oncle	Oom
Paternel	Vaderlijk
Petit-Fils	Kleinzoon
Père	Vader
Soeur	Zus
Tante	Tante

Ferme #1
Boerderij #1

Abeille	Bij
Agriculture	Landbouw
Âne	Ezel
Bison	Bizon
Champ	Veld
Chat	Kat
Cheval	Paard
Chèvre	Geit
Chien	Hond
Clôture	Hek
Corbeau	Kraai
Eau	Water
Engrais	Mest
Foin	Hooi
Miel	Honing
Poulet	Kip
Riz	Rijst
Troupeau	Kudde
Vache	Koe
Veau	Kalf

Ferme #2
Boerderij #2

Agneau	Lam
Agriculteur	Boer
Animaux	Dieren
Berger	Herder
Blé	Tarwe
Canard	Eend
Fruit	Fruit
Grange	Schuur
Irrigation	Irrigatie
Lait	Melk
Lama	Lama
Légume	Groente
Maïs	Maïs
Mouton	Schaap
Nourriture	Voedsel
Orge	Gerst
Pré	Weide
Ruche	Bijenkorf
Tracteur	Tractor
Verger	Boomgaard

Fleurs
Bloemen

Bouquet	Boeket
Gardénia	Gardenia
Hibiscus	Hibiscus
Jasmin	Jasmijn
Jonquille	Narcis
Lavande	Lavendel
Lilas	Lila
Lys	Lelie
Magnolia	Magnolia
Marguerite	Madeliefje
Orchidée	Orchidee
Passiflore	Passiebloem
Pavot	Papaver
Pétale	Bloemblad
Pissenlit	Paardebloem
Pivoine	Pioenroos
Rose	Roos
Tournesol	Zonnebloem
Trèfle	Klaver
Tulipe	Tulp

Force et Gravité
Kracht en Zwaartekracht

Axe	As
Centre	Centrum
Découverte	Ontdekking
Distance	Afstand
Dynamique	Dynamisch
Expansion	Uitbreiding
Friction	Wrijving
Impact	Impact
Magnétisme	Magnetisme
Mécanique	Mechanica
Mouvement	Beweging
Orbite	Baan
Physique	Natuurkunde
Planètes	Planeten
Poids	Gewicht
Pression	Druk
Propriétés	Eigendommen
Temps	Tijd
Universel	Universeel
Vitesse	Snelheid

Forêt Tropicale
Regenwoud

Amphibiens	Amfibieën
Botanique	Botanisch
Climat	Klimaat
Communauté	Gemeenschap
Diversité	Diversiteit
Espèce	Soort
Indigène	Inheems
Insectes	Insecten
Jungle	Jungle
Mammifères	Zoogdieren
Mousse	Mos
Nature	Natuur
Nuage	Wolken
Oiseaux	Vogels
Précieux	Waardevol
Préservation	Behoud
Refuge	Toevlucht
Respect	Respect
Restauration	Restauratie
Survie	Overleving

Formes
Vormen

Arc	Boog
Bords	Randen
Carré	Vierkant
Cercle	Cirkel
Coin	Hoek
Courbe	Curve
Cône	Kegel
Côté	Kant
Cube	Kubus
Cylindre	Cilinder
Hyperbole	Hyperbool
Ligne	Lijn
Ovale	Ovaal
Polygone	Veelhoek
Prisme	Prisma
Pyramide	Piramide
Rectangle	Rechthoek
Rond	Ronde
Sphère	Bol
Triangle	Driehoek

Fournitures d'Art
Kunstbenodigdheden

Acrylique	Acryl
Aquarelles	Aquarellen
Argile	Klei
Brosses	Borstels
Caméra	Camera
Chaise	Stoel
Charbon	Houtskool
Chevalet	Ezel
Colle	Lijm
Couleurs	Kleuren
Crayons	Potloden
Créativité	Creativiteit
Eau	Water
Encre	Inkt
Gomme	Gom
Huile	Olie
Idées	Ideeën
Papier	Papier
Pastels	Pastel
Table	Tafel

Fruit
Fruit

Abricot	Abrikoos
Ananas	Ananas
Avocat	Avocado
Baie	Bes
Banane	Banaan
Cerise	Kers
Citron	Citroen
Figue	Vijg
Framboise	Framboos
Goyave	Guave
Kiwi	Kiwi
Mangue	Mango
Melon	Meloen
Nectarine	Nectarine
Orange	Oranje
Papaye	Papaja
Pêche	Perzik
Poire	Peer
Pomme	Appel
Raisin	Druif

Géographie
Geografie

Altitude	Hoogte
Atlas	Atlas
Carte	Kaart
Continent	Continent
Fleuve	Rivier
Hémisphère	Halfrond
Île	Eiland
Latitude	Breedtegraad
Mer	Zee
Méridien	Meridiaan
Monde	Wereld
Montagne	Berg
Nord	Noorden
Océan	Oceaan
Ouest	Westen
Pays	Land
Région	Regio
Sud	Zuiden
Territoire	Grondgebied
Ville	Stad

Géologie
Geologie

Acide	Zuur
Calcium	Calcium
Caverne	Grot
Continent	Continent
Corail	Koraal
Couche	Laag
Cristaux	Kristallen
Érosion	Erosie
Fondu	Gesmolten
Fossile	Fossiel
Geyser	Geiser
Lave	Lava
Minéraux	Mineralen
Pierre	Steen
Plateau	Plateau
Quartz	Kwarts
Sel	Zout
Stalactite	Stalactiet
Volcan	Vulkaan
Zone	Zone

Géométrie
Geometrie

Angle	Hoek
Calcul	Berekening
Cercle	Cirkel
Courbe	Curve
Diamètre	Diameter
Dimension	Dimensie
Équation	Vergelijking
Hauteur	Hoogte
Logique	Logica
Masse	Massa
Médian	Mediaan
Nombre	Nummer
Parallèle	Parallel
Proportion	Proportie
Segment	Segment
Surface	Oppervlak
Symétrie	Symmetrie
Théorie	Theorie
Triangle	Driehoek
Vertical	Verticaal

Gouvernement
Overheid

Citoyenneté	Burgerschap
Civil	Civiel
Constitution	Grondwet
Démocratie	Democratie
Discours	Toespraak
Discussion	Discussie
District	Wijk
Droits	Rechten
Égalité	Gelijkheid
État	Staat
Judiciaire	Gerechtelijk
Justice	Gerechtigheid
Liberté	Vrijheid
Loi	Wet
Monument	Monument
Nation	Natie
National	Nationaal
Paisible	Rustig
Politique	Politiek
Symbole	Symbool

Herboristerie
Herbalisme

Ail	Knoflook
Aromatique	Aromatisch
Basilic	Basilicum
Bénéfique	Voordelig
Culinaire	Culinair
Estragon	Dragon
Fenouil	Venkel
Fleur	Bloem
Ingrédient	Ingrediënt
Jardin	Tuin
Lavande	Lavendel
Marjolaine	Marjolein
Menthe	Munt
Persil	Peterselie
Qualité	Kwaliteit
Romarin	Rozemarijn
Safran	Saffraan
Saveur	Smaak
Thym	Tijm
Vert	Groen

Ingénierie
Engineering

Angle	Hoek
Axe	As
Calcul	Berekening
Construction	Bouw
Diagramme	Diagram
Diamètre	Diameter
Diesel	Diesel
Distribution	Distributie
Engrenages	Versnellingen
Énergie	Energie
Force	Kracht
Liquide	Vloeistof
Machine	Machine
Mesure	Meting
Moteur	Motor
Profondeur	Diepte
Propulsion	Voortstuwing
Rotation	Rotatie
Stabilité	Stabiliteit
Structure	Structuur

Instruments de Musique
Muziekinstrumenten

Banjo	Banjo
Basson	Fagot
Clarinette	Klarinet
Flûte	Fluit
Gong	Gong
Guitare	Gitaar
Harmonica	Mondharmonica
Harpe	Harp
Hautbois	Hobo
Mandoline	Mandoline
Marimba	Marimba
Percussion	Percussie
Piano	Piano
Saxophone	Saxofoon
Tambour	Trommel
Tambourin	Tamboerijn
Trombone	Trombone
Trompette	Trompet
Violon	Viool
Violoncelle	Cello

Jardin
Tuin

Arbre	Boom
Banc	Bank
Buisson	Struik
Clôture	Hek
Étang	Vijver
Fleur	Bloem
Garage	Garage
Hamac	Hangmat
Herbe	Gras
Jardin	Tuin
Mauvaises Herbes	Onkruid
Pelle	Schop
Pelouse	Gazon
Râteau	Hark
Sol	Bodem
Terrasse	Terras
Trampoline	Trampoline
Tuyau	Slang
Verger	Boomgaard
Vigne	Wijnstok

Jazz
Jazz

Album	Album
Artiste	Artiest
Célèbre	Beroemd
Chanson	Lied
Compositeur	Componist
Composition	Samenstelling
Concert	Concert
Favoris	Favorieten
Genre	Genre
Improvisation	Improvisatie
Musique	Muziek
Nouveau	Nieuw
Orchestre	Orkest
Rythme	Ritme
Solo	Solo
Style	Stijl
Talent	Talent
Tambours	Drums
Technique	Techniek
Vieux	Oud

Jours et Mois
Dagen en Maanden

Août	Augustus
Avril	April
Calendrier	Kalender
Dimanche	Zondag
Février	Februari
Janvier	Januari
Jeudi	Donderdag
Juillet	Juli
Juin	Juni
Lundi	Maandag
Mardi	Dinsdag
Mars	Maart
Mercredi	Woensdag
Mois	Maand
Novembre	November
Octobre	Oktober
Samedi	Zaterdag
Semaine	Week
Septembre	September
Vendredi	Vrijdag

Les Abeilles
Bijen

Ailes	Vleugels
Bénéfique	Voordelig
Cire	Was
Diversité	Diversiteit
Essaim	Zwerm
Écosystème	Ecosysteem
Fleur	Bloesem
Fleurs	Bloemen
Fruit	Fruit
Fumée	Rook
Habitat	Habitat
Insecte	Insect
Jardin	Tuin
Miel	Honing
Nourriture	Voedsel
Plantes	Planten
Pollen	Stuifmeel
Reine	Koningin
Ruche	Bijenkorf
Soleil	Zon

Les Médias
De Media

Attitudes	Houding
Commercial	Commercieel
Communication	Communicatie
En Ligne	Online
Édition	Editie
Éducation	Onderwijs
Faits	Feiten
Financement	Financiering
Individuel	Individueel
Industrie	Industrie
Intellectuel	Intellectueel
Journaux	Kranten
Local	Lokaal
Numérique	Digitaal
Opinion	Mening
Photos	Foto'S
Public	Publiek
Radio	Radio
Réseau	Netwerk
Télévision	Televisie

Légumes
Groenten

Ail	Knoflook
Artichaut	Artisjok
Aubergine	Aubergine
Brocoli	Broccoli
Carotte	Wortel
Céleri	Selderij
Champignon	Paddestoel
Citrouille	Pompoen
Concombre	Komkommer
Échalote	Sjalot
Épinard	Spinazie
Gingembre	Gember
Navet	Raap
Oignon	Ui
Olive	Olijf
Persil	Peterselie
Pois	Erwt
Radis	Radijs
Salade	Salade
Tomate	Tomaat

Littérature
Literatuur

Analogie	Analogie
Analyse	Analyse
Anecdote	Anekdote
Auteur	Auteur
Biographie	Biografie
Comparaison	Vergelijking
Conclusion	Conclusie
Description	Omschrijving
Dialogue	Dialoog
Fiction	Fictie
Métaphore	Metafoor
Narrateur	Verteller
Poème	Gedicht
Poétique	Poëtisch
Rime	Rijm
Roman	Roman
Rythme	Ritme
Style	Stijl
Thème	Thema
Tragédie	Tragedie

Livres
Boeken

Auteur	Auteur
Aventure	Avontuur
Collection	Collectie
Contexte	Context
Dualité	Dualiteit
Épique	Episch
Histoire	Verhaal
Historique	Historisch
Humoristique	Humoristisch
Inventif	Inventief
Lecteur	Lezer
Littéraire	Literair
Narrateur	Verteller
Page	Bladzijde
Pertinent	Relevant
Poème	Gedicht
Poésie	Poëzie
Roman	Roman
Série	Serie
Tragique	Tragisch

Maison
Huis

Balai	Bezem
Bibliothèque	Bibliotheek
Chambre	Kamer
Cheminée	Haard
Clés	Sleutels
Clôture	Hek
Cuisine	Keuken
Douche	Douche
Fenêtre	Raam
Garage	Garage
Grenier	Zolder
Jardin	Tuin
Lampe	Lamp
Miroir	Spiegel
Mur	Muur
Plafond	Plafond
Porte	Deur
Rideaux	Gordijnen
Tapis	Tapijt
Toit	Dak

Mammifères
Zoogdieren

Baleine	Walvis
Chat	Kat
Cheval	Paard
Chien	Hond
Coyote	Coyote
Dauphin	Dolfijn
Éléphant	Olifant
Girafe	Giraf
Gorille	Gorilla
Kangourou	Kangoeroe
Lapin	Konijn
Lion	Leeuw
Loup	Wolf
Mouton	Schaap
Ours	Beer
Renard	Vos
Singe	Aap
Taureau	Stier
Tigre	Tijger
Zèbre	Zebra

Mathématiques
Wiskunde

Angles	Hoeken
Arithmétique	Rekenkundig
Carré	Vierkant
Circonférence	Omtrek
Décimal	Decimaal
Diamètre	Diameter
Exposant	Exponent
Équation	Vergelijking
Fraction	Fractie
Géométrie	Geometrie
Parallèle	Parallel
Perpendiculaire	Loodrecht
Polygone	Veelhoek
Rayon	Straal
Rectangle	Rechthoek
Somme	Som
Sphère	Bol
Symétrie	Symmetrie
Triangle	Driehoek
Volume	Volume

Mesures
Metingen

Centimètre	Centimeter
Degré	Graad
Décimal	Decimaal
Gramme	Gram
Hauteur	Hoogte
Kilogramme	Kilogram
Kilomètre	Kilometer
Largeur	Breedte
Litre	Liter
Longueur	Lengte
Masse	Massa
Mètre	Meter
Minute	Minuut
Octet	Byte
Once	Ons
Poids	Gewicht
Pouce	Inch
Profondeur	Diepte
Tonne	Ton
Volume	Volume

Méditation
Meditatie

Acceptation	Aanvaarding
Attention	Aandacht
Calme	Kalm
Clarté	Helderheid
Compassion	Mededogen
Esprit	Geest
Émotions	Emoties
Éveillé	Wakker
Gratitude	Dankbaarheid
Mental	Mentaal
Mouvement	Beweging
Musique	Muziek
Nature	Natuur
Observation	Observatie
Paix	Vrede
Pensées	Gedachten
Perspective	Perspectief
Posture	Houding
Respiration	Ademhaling
Silence	Stilte

Météo
Weersomstandigheden

Arc-En-Ciel	Regenboog
Atmosphère	Atmosfeer
Brise	Bries
Brouillard	Mist
Calme	Kalm
Ciel	Hemel
Climat	Klimaat
Glace	Ijs
Mousson	Moesson
Nuage	Wolk
Ouragan	Orkaan
Polaire	Polair
Sec	Droog
Sécheresse	Droogte
Température	Temperatuur
Tempête	Storm
Tonnerre	Donder
Tornade	Tornado
Tropical	Tropisch
Vent	Wind

Mode
Mode

Abordable	Betaalbaar
Boutique	Winkel
Boutons	Knop
Broderie	Borduurwerk
Cher	Duur
Confortable	Comfortabel
Dentelle	Kant
Élégant	Elegant
Mesures	Afmetingen
Moderne	Modern
Modeste	Bescheiden
Modèle	Patroon
Original	Origineel
Pratique	Praktisch
Simple	Eenvoudig
Style	Stijl
Tendance	Trend
Texture	Textuur
Tissu	Stof
Vêtements	Kleding

Musique
Muziek

Album	Album
Ballade	Ballade
Chanter	Zingen
Chanteur	Zanger
Classique	Klassiek
Enregistrement	Opname
Harmonie	Harmonie
Harmonique	Harmonisch
Instrument	Instrument
Lyrique	Lyrisch
Mélodie	Melodie
Microphone	Microfoon
Musical	Muzikaal
Musicien	Muzikant
Opéra	Opera
Poétique	Poëtisch
Rythme	Ritme
Rythmique	Ritmisch
Tempo	Tempo
Vocal	Vocaal

Mythologie
Mythologie

Archétype	Archetype
Catastrophe	Ramp
Comportement	Gedrag
Création	Creatie
Créature	Wezen
Croyances	Overtuigingen
Culture	Cultuur
Éclair	Bliksem
Force	Kracht
Guerrier	Krijger
Héroïne	Heldin
Héros	Held
Jalousie	Jaloezie
Labyrinthe	Doolhof
Légende	Legende
Magique	Magisch
Monstre	Monster
Mortel	Sterfelijk
Tonnerre	Donder
Vengeance	Wraak

Nature
Natuur

Abeilles	Bijen
Abri	Schuilplaats
Animaux	Dieren
Arctique	Arctisch
Beauté	Schoonheid
Brouillard	Mist
Désert	Woestijn
Dynamique	Dynamisch
Érosion	Erosie
Feuillage	Gebladerte
Fleuve	Rivier
Forêt	Bos
Glacier	Gletsjer
Nuage	Wolken
Paisible	Rustig
Sanctuaire	Heiligdom
Sauvage	Wild
Serein	Sereen
Tropical	Tropisch
Vital	Vitaal

Nombres
Getallen

Cinq	Vijf
Deux	Twee
Décimal	Decimaal
Dix	Tien
Dix-Huit	Achttien
Dix-Neuf	Negentien
Dix-Sept	Zeventien
Douze	Twaalf
Huit	Acht
Neuf	Negen
Quatorze	Veertien
Quatre	Vier
Quinze	Vijftien
Seize	Zestien
Sept	Zeven
Six	Zes
Treize	Dertien
Trois	Drie
Vingt	Twintig
Zéro	Nul

Nourriture #1
Eten #1

Ail	Knoflook
Basilic	Basilicum
Café	Koffie
Cannelle	Kaneel
Carotte	Wortel
Citron	Citroen
Épinard	Spinazie
Fraise	Aardbei
Jus	Sap
Lait	Melk
Navet	Raap
Oignon	Ui
Orge	Gerst
Poire	Peer
Salade	Salade
Sel	Zout
Soupe	Soep
Sucre	Suiker
Thon	Tonijn
Viande	Vlees

Nourriture #2
Eten #2

Amande	Amandel
Aubergine	Aubergine
Banane	Banaan
Blé	Tarwe
Brocoli	Broccoli
Cerise	Kers
Céleri	Selderij
Champignon	Paddestoel
Chocolat	Chocolade
Jambon	Ham
Kiwi	Kiwi
Mangue	Mango
Oeuf	Ei
Pain	Brood
Poisson	Vis
Pomme	Appel
Poulet	Kip
Raisin	Druif
Riz	Rijst
Tomate	Tomaat

Nutrition
Voeding

Amer	Bitter
Appétit	Eetlust
Calories	Calorieën
Comestible	Eetbaar
Diète	Dieet
Épices	Specerijen
Équilibré	Evenwichtig
Fermentation	Fermentatie
Glucides	Koolhydraten
Ingrédients	Ingrediënten
Liquides	Vloeistoffen
Poids	Gewicht
Protéines	Eiwitten
Qualité	Kwaliteit
Sain	Gezond
Santé	Gezondheid
Sauce	Saus
Saveur	Smaak
Toxine	Toxine
Vitamine	Vitamine

Océan
Oceaan

Anguille	Aal
Baleine	Walvis
Bateau	Boot
Corail	Koraal
Crabe	Krab
Crevette	Garnaal
Dauphin	Dolfijn
Éponge	Spons
Huître	Oester
Marées	Getijden
Méduse	Kwal
Poisson	Vis
Poulpe	Octopus
Requin	Haai
Récif	Rif
Sel	Zout
Tempête	Storm
Thon	Tonijn
Tortue	Schildpad
Vagues	Golven

Oiseaux
Vogels

Aigle	Adelaar
Autruche	Struisvogel
Canard	Eend
Cigogne	Ooievaar
Colombe	Duif
Corbeau	Kraai
Coucou	Koekoek
Cygne	Zwaan
Flamant	Flamingo
Héron	Reiger
Manchot	Pinguïn
Moineau	Mus
Mouette	Meeuw
Oeuf	Ei
Oie	Gans
Paon	Pauw
Perroquet	Papegaai
Pélican	Pelikaan
Poulet	Kip
Toucan	Toekan

Pays #1
Landen #1

Afghanistan	Afghanistan
Allemagne	Duitsland
Argentine	Argentinië
Brésil	Brazilië
Canada	Canada
Espagne	Spanje
Équateur	Ecuador
Finlande	Finland
Inde	India
Israël	Israël
Libye	Libië
Mali	Mali
Maroc	Marokko
Nicaragua	Nicaragua
Norvège	Noorwegen
Panama	Panama
Philippines	Filipijnen
Pologne	Polen
Roumanie	Roemenië
Venezuela	Venezuela

Pays #2
Landen #2

Albanie	Albani
Chine	China
Danemark	Denemarken
France	Frankrijk
Haïti	Haïti
Indonésie	Indonesië
Irlande	Ierland
Jamaïque	Jamaica
Japon	Japan
Kenya	Kenia
Laos	Laos
Liban	Libanon
Mexique	Mexico
Ouganda	Oeganda
Pakistan	Pakistan
Russie	Rusland
Somalie	Somalië
Soudan	Soedan
Syrie	Syrië
Ukraine	Oekraïne

Paysages
Landschappen

Cascade	Waterval
Colline	Heuvel
Désert	Woestijn
Estuaire	Estuarium
Fleuve	Rivier
Geyser	Geiser
Glacier	Gletsjer
Grotte	Grot
Iceberg	Ijsberg
Île	Eiland
Lac	Meer
Marais	Moeras
Mer	Zee
Montagne	Berg
Oasis	Oase
Péninsule	Schiereiland
Plage	Strand
Toundra	Toendra
Vallée	Vallei
Volcan	Vulkaan

Physique
Natuurkunde

Accélération	Versnelling
Atome	Atoom
Chaos	Chaos
Chimique	Chemisch
Densité	Dichtheid
Électron	Elektron
Formule	Formule
Fréquence	Frequentie
Gaz	Gas
Gravité	Zwaartekracht
Magnétisme	Magnetisme
Masse	Massa
Mécanique	Mechanica
Molécule	Molecuul
Moteur	Motor
Nucléaire	Nucleair
Particule	Deeltje
Relativité	Relativiteit
Universel	Universeel
Vitesse	Snelheid

Plage
Strand

Bateau	Boot
Bleu	Blauw
Coquilles	Schelpen
Côte	Kust
Crabe	Krab
Dock	Dok
Île	Eiland
Lagune	Lagune
Mer	Zee
Nager	Zwemmen
Océan	Oceaan
Parapluie	Paraplu
Récif	Rif
Sable	Zand
Sandales	Sandalen
Serviette	Handdoek
Soleil	Zon
Vacances	Vakantie
Voilier	Zeilboot

Plantes
Installaties

Arbre	Boom
Baie	Bes
Bambou	Bamboe
Botanique	Plantkunde
Buisson	Struik
Cactus	Cactus
Engrais	Mest
Feuillage	Gebladerte
Fleur	Bloem
Flore	Flora
Forêt	Bos
Grandir	Groeien
Haricot	Boon
Herbe	Gras
Jardin	Tuin
Lierre	Klimop
Mousse	Mos
Pétale	Bloemblad
Racine	Wortel
Végétation	Vegetatie

Professions #1
Beroepen #1

Ambassadeur	Ambassadeur
Astronome	Astronoom
Avocat	Advocaat
Banquier	Bankier
Bijoutier	Juwelier
Cartographe	Cartograaf
Chasseur	Jager
Danseur	Danser
Entraîneur	Trainer
Éditeur	Editor
Géologue	Geoloog
Infirmière	Verpleegster
Médecin	Dokter
Musicien	Muzikant
Pianiste	Pianist
Plombier	Loodgieter
Pompier	Brandweerman
Psychologue	Psycholoog
Scientifique	Wetenschapper
Vétérinaire	Dierenarts

Professions #2
Beroepen #2

Astronaute	Astronaut
Biologiste	Bioloog
Chercheur	Onderzoeker
Chirurgien	Chirurg
Dentiste	Tandarts
Détective	Detective
Enseignant	Leraar
Illustrateur	Illustrator
Ingénieur	Ingenieur
Inventeur	Uitvinder
Jardinier	Tuinman
Journaliste	Journalist
Linguiste	Linguïst
Médecin	Arts
Peintre	Schilder
Philosophe	Filosoof
Photographe	Fotograaf
Pilote	Piloot
Professeur	Professor
Zoologiste	Zoöloog

Psychologie
Psychologie

Clinique	Klinisch
Comportement	Gedrag
Conflit	Conflict
Ego	Ego
Enfance	Jeugd
Expériences	Ervaringen
Émotions	Emoties
Évaluation	Beoordeling
Idées	Ideeën
Inconscient	Bewusteloos
Influences	Invloed
Pensées	Gedachten
Perception	Perceptie
Problème	Probleem
Rendez-Vous	Afspraak
Réalité	Realiteit
Rêves	Dromen
Sensation	Gevoel
Subconscient	Onderbewust
Thérapie	Therapie

Randonnée
Wandelen

Animaux	Dieren
Bottes	Laarzen
Camping	Kamperen
Carte	Kaart
Climat	Klimaat
Eau	Water
Falaise	Klif
Fatigué	Moe
Guides	Gidsen
Lourd	Zwaar
Météo	Weer
Montagne	Berg
Nature	Natuur
Orientation	Oriëntatie
Parcs	Parken
Pierres	Stenen
Préparation	Voorbereiding
Sauvage	Wild
Soleil	Zon
Sommet	Top

Restaurant #2
Restaurant #2

Boisson	Drank
Chaise	Stoel
Cuillère	Lepel
Déjeuner	Lunch
Délicieux	Heerlijk
Dîner	Diner
Eau	Water
Épices	Specerijen
Fourchette	Vork
Fruit	Fruit
Gâteau	Cake
Glace	Ijs
Légumes	Groente
Nouilles	Noedels
Oeuf	Eieren
Poisson	Vis
Salade	Salade
Sel	Zout
Serveur	Ober
Soupe	Soep

Santé et Bien-Être #1
Gezondheid en Welzijn #1

Actif	Actief
Bactéries	Bacteriën
Blessure	Letsel
Clinique	Kliniek
Faim	Honger
Fracture	Breuk
Habitude	Gewoonte
Hauteur	Hoogte
Hormone	Hormonen
Médecin	Dokter
Médicament	Medicijn
Muscles	Spieren
Os	Botten
Peau	Huid
Pharmacie	Apotheek
Posture	Houding
Réflexe	Reflex
Thérapie	Therapie
Traitement	Behandeling
Virus	Virus

Santé et Bien-Être #2
Gezondheid en Welzijn #2

Allergie	Allergie
Anatomie	Anatomie
Appétit	Eetlust
Calorie	Calorie
Corps	Lichaam
Déshydratation	Dehydratie
Énergie	Energie
Génétique	Genetica
Hôpital	Ziekenhuis
Hygiène	Hygiëne
Infection	Infectie
Maladie	Ziekte
Massage	Massage
Nutrition	Voeding
Poids	Gewicht
Récupération	Herstel
Sain	Gezond
Sang	Bloed
Stress	Stress
Vitamine	Vitamine

Science
Wetenschap

Atome	Atoom
Chimique	Chemisch
Climat	Klimaat
Données	Gegevens
Expérience	Experiment
Évolution	Evolutie
Fait	Feit
Fossile	Fossiel
Gravité	Zwaartekracht
Hypothèse	Hypothese
Laboratoire	Laboratorium
Méthode	Methode
Minéraux	Mineralen
Molécules	Moleculen
Nature	Natuur
Observation	Observatie
Organisme	Organisme
Particules	Deeltjes
Physique	Natuurkunde
Scientifique	Wetenschapper

Science-Fiction
Meer Informatie

Atomique	Atoom
Cinéma	Bioscoop
Dystopie	Dystopie
Explosion	Explosie
Extrême	Extreem
Fantastique	Fantastisch
Feu	Brand
Futuriste	Futuristisch
Illusion	Illusie
Imaginaire	Denkbeeldig
Livres	Boeken
Monde	Wereld
Mystérieux	Mysterieus
Oracle	Orakel
Planète	Planeet
Réaliste	Realistisch
Robots	Robots
Scénario	Scenario
Technologie	Technologie
Utopie	Utopie

Temps
Tijd

Année	Jaar
Annuel	Jaarlijks
Après	Na
Avant	Voor
Bientôt	Spoedig
Calendrier	Kalender
Décennie	Decennium
Futur	Toekomst
Heure	Uur
Hier	Gisteren
Horloge	Klok
Jour	Dag
Maintenant	Nu
Matin	Ochtend
Midi	Middag
Minute	Minuut
Mois	Maand
Nuit	Nacht
Semaine	Week
Siècle	Eeuw

Types de Cheveux
Haartypes

Argent	Zilver
Blanc	Wit
Blond	Blond
Boucles	Krullen
Brillant	Glimmend
Chauve	Kaal
Coloré	Gekleurd
Court	Kort
Doux	Zacht
Épais	Dik
Frisé	Krullend
Gris	Grijs
Long	Lang
Marron	Bruin
Mince	Dun
Noir	Zwart
Ondulé	Golvend
Sain	Gezond
Sec	Droog
Tressé	Gevlochten

Univers
Universum

Astéroïde	Asteroïde
Astronome	Astronoom
Astronomie	Astronomie
Atmosphère	Atmosfeer
Ciel	Hemel
Cosmique	Kosmisch
Équateur	Evenaar
Hémisphère	Halfrond
Horizon	Horizon
Inclinaison	Kantelen
Latitude	Breedtegraad
Longitude	Lengtegraad
Lune	Maan
Obscurité	Duisternis
Orbite	Baan
Solaire	Zonne
Solstice	Zonnewende
Télescope	Telescoop
Visible	Zichtbaar
Zodiaque	Dierenriem

Vacances #2
Vakantie #2

Aéroport	Luchthaven
Camping	Kamperen
Carte	Kaart
Destination	Bestemming
Étranger	Buitenlander
Hôtel	Hotel
Île	Eiland
Loisir	Vrije Tijd
Mer	Zee
Passeport	Paspoort
Plage	Strand
Restaurant	Restaurant
Réservations	Reserveringen
Taxi	Taxi
Tente	Tent
Train	Trein
Transport	Vervoer
Vacances	Vakantie
Visa	Visum
Voyage	Reis

Véhicules
Voertuigen

Ambulance	Ambulance
Avion	Vliegtuig
Bateau	Boot
Bus	Bus
Camion	Vrachtauto
Caravane	Caravan
Ferry	Veerboot
Fusée	Raket
Hélicoptère	Helikopter
Métro	Metro
Moteur	Motor
Navette	Shuttle
Pneus	Banden
Radeau	Vlot
Scooter	Scooter
Sous-Marin	Onderzeeër
Taxi	Taxi
Tracteur	Tractor
Vélo	Fiets
Voiture	Auto

Vêtements
Kleding

Bracelet	Armband
Ceinture	Riem
Chapeau	Hoed
Chaussure	Schoen
Chemise	Shirt
Chemisier	Blouse
Collier	Ketting
Foulard	Sjaal
Gants	Handschoenen
Jeans	Jeans
Jupe	Rok
Manteau	Jas
Mode	Mode
Pantalon	Broek
Pull	Trui
Pyjama	Pyjama
Robe	Jurk
Sandales	Sandalen
Tablier	Schort
Veste	Jasje

Ville
Stad

Aéroport	Luchthaven
Banque	Bank
Bibliothèque	Bibliotheek
Boulangerie	Bakkerij
Cinéma	Bioscoop
Clinique	Kliniek
École	School
Fleuriste	Bloemist
Galerie	Galerij
Hôtel	Hotel
Librairie	Boekhandel
Marché	Markt
Musée	Museum
Pharmacie	Apotheek
Restaurant	Restaurant
Stade	Stadion
Supermarché	Supermarkt
Théâtre	Theater
Université	Universiteit
Zoo	Dierentuin

Félicitations

Vous avez réussi !

Nous espérons que vous avez apprécié ce livre autant que nous avons pris plaisir à le concevoir. Nous faisons de notre mieux pour créer des livres de la meilleure qualité possible.
Cette édition est conçue pour permettre un apprentissage intelligent et de qualité en se divertissant !

Vous avez aimé ce livre ?

Une Simple Demande

Nos livres existent grâce aux avis que vous publiez. Pourriez-vous nous aider en laissant un avis maintenant ?

Voici un lien rapide qui vous mènera à votre page d'évaluation de vos commandes :

BestBooksActivity.com/Avis50

CHALLENGE FINAL !

Défi n°1

Êtes-vous prêt pour votre jeu bonus ? Nous les utilisons tout le temps mais ils ne sont pas si faciles à trouver. Voici les Synonymes !

Notez 5 mots que vous avez trouvés dans les puzzles notés ci-dessous (n°21, n°36, n°76) et essayez de trouver 2 synonymes pour chaque mot.

Notez 5 Mots du ***Puzzle 21***

Mots	Synonyme 1	Synonyme 2

Notez 5 Mots du ***Puzzle 36***

Mots	Synonyme 1	Synonyme 2

Notez 5 Mots du ***Puzzle 76***

Mots	Synonyme 1	Synonyme 2

Défi n°2

Maintenant que vous vous êtes échauffé, notez 5 mots que vous avez découverts dans les Puzzles n° 9, n° 17, n° 25 et essayez de trouver 2 antonymes pour chaque mot. Combien pouvez-vous en trouver en 20 minutes ?

Notez 5 Mots du ***Puzzle 9***

Mots	Antonyme 1	Antonyme 2

Notez 5 Mots du ***Puzzle 17***

Mots	Antonyme 1	Antonyme 2

Notez 5 Mots du ***Puzzle 25***

Mots	Antonyme 1	Antonyme 2

Défi n°3

Formidable ! Ce défi final  n'est rien pour vous.

Prêt pour le dernier défi ? Choisissez 10 mots que vous avez découverts parmi les différents puzzles et notez-les ci-dessous.

1.	6.
2.	7.
3.	8.
4.	9.
5.	10.

Maintenant, composez un texte en pensant à une personne, un animal ou un lieu que vous aimez !

Astuce: Vous pouvez utiliser la dernière page de ce livre comme brouillon !

Votre Composition :

CARNET DE NOTES :

À TRÈS BIENTÔT !

Toute l'équipe

www.ingramcontent.com/pod-product-compliance
Lightning Source LLC
Chambersburg PA
CBHW082207120626
46553CB00010B/3044
* 9 7 9 8 8 9 6 7 0 6 2 7 4 *